מסע עם שקית ניילון
דיאלוג אינטימי בין כתיבה, פיסול וצילום

רוני משולם אברמוביץ

A Journey with a Plastic Bag

An Intimate Dialogue Between Writing, Sculpture and Photography

Roni Meshulam Abramovitz

Copyright © 2012-2014 by Roni Meshulam Abramovitz

All Rights Reserved

© 2014-2012 כל הזכויות שמורות לרוני משולם אברמוביץ

דוא"ל: roni-gal@bezeqint.net

www.plasticsay.com

אין לשכפל, להעתיק, לצלם, להקליט, לתרגם, לאחסן במאגר מידע, או לקלוט בכל דרך או אמצעי אלקטרוני, אופטי או מכני או אחר כל חלק שהוא מהחומר שבספר זה. שימוש מסחרי מכל סוג שהוא בחומר הכלול בספר זה אסור בהחלט, אלא ברשות מפורשת בכתב מהמחברת.

מסת"ב ISBN 978-965-92258-0-4

ליקיריי השותפים לדיאלוג

תוכן עניינים

רשימת דימויים 6

תודות 8

הקדמה 9

פרק 1 - התבוננות 11

דווקא ניילון 12

ניילון חי, צומח ודומם 14

האם השקית הזו מתכלה? 16

תאום ציפיות 18

שיחה אישית 20

פירוק והרכבה 22

ביקורת עצמית 24

פרק 2 - שחרור 27

הגוף הזה 28

קולאז' תנועות 30

פוחדת ונהנית 32

הומור, חרדה ותת-מודע 34

שוב אותו מקום 36

שעורי בית 38

בּוֹרוֹת 40

שחרור 42

ללמוד לחייך 44

גילוי חדש 46

לימוד מתמשך 48

פרק 3 - המקום שלי 51

השתייכות 52

השוואות 54

מקומו של הספר 56

חופש 58

רפרוף 60

בלון בשמים 62

המתנה 64

ממתינה 66

"תעשי ציפורים ותרנגולות" 68

מתי אני כותבת שלוש נקודות? 70

מעגל 72

פרק 4 - פרידות 75

כשאמא נעלמת וחוזרת 76

תפילה 78

4

שעור לחיים	80	מנפה מחשבות	102
מכתב פרידה מאוחר	82	פרופורציות	104
געגוע	84	אינטגרציה	106
לעיתים	86	שיחה אינסופית	108
החמצה	88	זה מזכיר לי...	110
יש לי	90	משפטים נכחדים	112
פרידה מספקת	92	אור	114
הבשלה	94		
הולכת לסבתא	96	מקורות השראה - דיאלוג מקביל	116
מערבולת רגשות	98	רשימת דימויים, חומרים ומידות	118
פרידה בטרם עת	100		

רשימת דימויים

״עמדי רגע!״ 4, 5
אובניים 6, 7
גזע עץ 8
זרימה 9

דימויים בפרק 1:
התבוננות 11
פיסת חלום 12
חלום 13
אשליה 14
חי, צומח ודומם 15
בדיקה מקרוב 16
האם יש מטמורפוזה? 17
סיעור מוחות 18
רגשות מעורבים 19
שיחת נפש 20
דיאלוג פנימי 21
זכרון עמום 22
אסוציאציה 23
צעד לא יציב 24
עמידת מוצא 25

דימויים בפרק 2:
שחרור 27
משא 28
מיכל 29
התבוננות פנימית 30
נוכחת 31
הדדיות 32
אוקמי - קבלת הנפילה 33
עבודת צוות 34
סימטריה 35
תסכול 36
מורה - מרות 37
אדוות מים 38
שיקוף 39
נופלת 40
מערבולת 41
להקת דגים 42
בין השורות 43
מקהלה וואקלית 44
משחק 45
זקופה. מריונטה? השגחה עליונה? 46
מדיטציה בתנועה 47
שוטי ספינתי 48
מבט ממעוף הציפור 49

דימויים בפרק 3:
המקום שלי 51
התקשרות 52
ריקוד 53
יחד 54
על הנדנדה 55
תוהו ובוהו 56
אש 57

6

"תראו, פרפר!" 58
"עוף מכאן!" 59
תובנה 60
חוט מחשבה 61
רוח 62
רוח משובה 63
התמהמהות 64
עדיין ממתינה 65
ציפייה 66
חשבון נפש 67
ביקורת עצמית 68
עוף מוזר 69
ואקום 70
סבלנות 71
סגירת מעגל 72
מעגל קסמים 73

דימויים בפרק 4:

פרידות 75
מועקה 76
זמניות 77
נים לא נים 78
בובה עם כנפיים. מלאך? 79
אל תסתכלי למטה! 80
ריקוד אין סופי 81
עניין לא סגור 82
נוצות מרוטות 83
חיבוק 84
חלל 85
הכלה 86
שרידי זיכרון 87
התקהלות 88
פרפרים 89
רשת היא אוסף של חורים 90
מבט מקרוב 91
פלא 92
זר 93
חיות 94
רחם 95
זרע 96
התפרקות 96
נבט 97
סערת רגשות 98
איוורור 99
מחילה 100
געגוע 101
בור לבה 102
אשן על זה 103
אתגר 104
הר או כובע? 105
מגרש משחקים 106
מרחב ביניים 107
בין השמשות 108
קן 109
קערת סוכריות 110
נחמה 111
זכרונות מהשוק 112
"הניחי את זה על השולחן" 113
הפנמה 114
...והקופסא עדיין בשימוש 115

7

תודות

ברצוני להודות לכל שותפיי למסע ולדיאלוג. לצערי מקוצר מקום, הרשימה חלקית:

לבני משפחתי: הורי, גילה וברוך משולם, בזכותם אני יוצרת וכותבת; אחי איתי משולם, שותפי הראשון לדיאלוג; בן זוגי אביאל אברמוביץ וילדיי גל, מתן ונועם, אהבתם איפשרה לי להתמסר לכתיבת הספר; דודתי מירה משולם על העזרה וההשראה; אורה לשם, על הפרגון והעזרה; בן דודי רו״ח (עו״ד) אמיר פלמן על היעוץ.

לחבריי ומכריי שחיזקו ונתנו משובים משמעותיים: אלעזר מליחי, בוריס זיידמן, גלי שגב, דפנה אסנהיימר, הדס קאן, ורד שמעון, ליון גבע, מיכל כץ, מיכל קורן, מירה ביטון, נילי מלכא, קטי בן סימון, ד״ר רוז בראון, רחל לוי; לי שיר על המשוב מעורר ההשראה; ובמיוחד לויוי גן-מור, שותפה לשיחות מפרות ולנסיונות עריכה יצירתיים;

למטפלת שלי באמנות שתמכה באמנית שבי. למוריי ומדריכיי ללימודי הטיפול באמנות בבית ברל ובמיוחד לאתי ארניאס, ראש המחלקה ולד״ר חגית פולק, מורתי לביבליותרפיה; למדריכתי בפרקטיקום רחל קדרון על המשוב המקצועי והמרגש;

למאמניי: סנסיי יונה מלניק (דאן 8) וד״ר מרגלית שוורץ (דאן 4) ממועדון בודוקאן; גלי שגיא מהמרכז הישראלי לטאי צ׳י, מקור השראה ושותפה לדיאלוג היצירתי; לכל חבריי המתרגלים איתי את דרכי הגמישות בג׳ודו ובטאי צ׳י;

לאלו שבזכותם אני מגשימה ביום-יום את המטפלת שבי ומקיימת דיאלוג של נתינה וקבלה: הנהלת כפר ״בני ציון״ לבעלי צרכים מיוחדים בראש העין ובמיוחד ריקי רביוב וסגניתה אראלה קמין; חן שביט; חברי לצוות והדיירים; רוני פרידמן שיינפיין ותמר אברהם, מנהלות שיקומון ״יד שרה״ ברעננה; שרון טישלר; חברי לצוות והמשתקמים.

לאורה זילברשטיין שתרגמה לאנגלית ולאבריל חילביץ שערכה את התרגום. הוצאת המהדורה האנגלית לאור התאפשרה הודות לשיתוף הפעולה ביניהן ולעבודתן המסורה. לקרול גוטליב על הליטוש הסופי של המהדורה האנגלית.

לזכר: סבתי ציפורה פלמן ז״ל, שהאמינה בי ובמשוררת שבי; סבי אברהם פלמן ז״ל, איש ספר ומופת לסופר חרוץ; סבתי רגינה משולם ז״ל; שוקי אלי ז״ל, מורי לציור מתיכון עירוני ד׳, אמן, סופר ומורה לחיים; נורית ומרים פרשטמן ז״ל.
זכר אהבתם מלווה ומנחם אותי.

הקדמה

ציירתי בטרם דיברתי ובטרם הבנתי מה תפקיד הציור והיצירה בחיי. שנים רבות אני כותבת למגירה. במהלך לימודי הטיפול באמנות, התחלתי לפסל בשקיות ניילון. במהרה החלו הדימויים הספונטניים לנהל דיאלוג יצירתי עם הרשימות, דיאלוג שהתפתח להתבוננות פנימית מתמשכת.

כשהחלטתי לכתוב ספר, התרחבה משמעות הדימויים להתבוננות מבעד לזויות השונות של עדשת המצלמה. המשובים השונים והביקורות הסותרות הוכיחו שהספר מניע בכל קורא שיחה פנימית ייחודית. אישית נוכחתי בעוצמתה של האוניברסליות.
כתב היד עורר שיחות ודיונים עם מכרים וזרים אודות משמעות האמנות, היצירתיות, התרפיה והקשר ביניהם.

כיוצרת, כאשר אני מפסלת למשל, אני שוקלת שוב ושוב, האם להמשיך לפתח את הדימוי, להניח לו בינתיים, או למחזר אותו. גם בכתיבה אני עורכת ומשכתבת בתהליך מתמשך של ביקורת עצמית.
כמטפלת באמנות אני מודעת לחשיבות ולמשמעות הטיפולית של יצירתיות חסרת שיפוט. אני מדגישה את השהייה בתהליך ולא רק את התוצר.

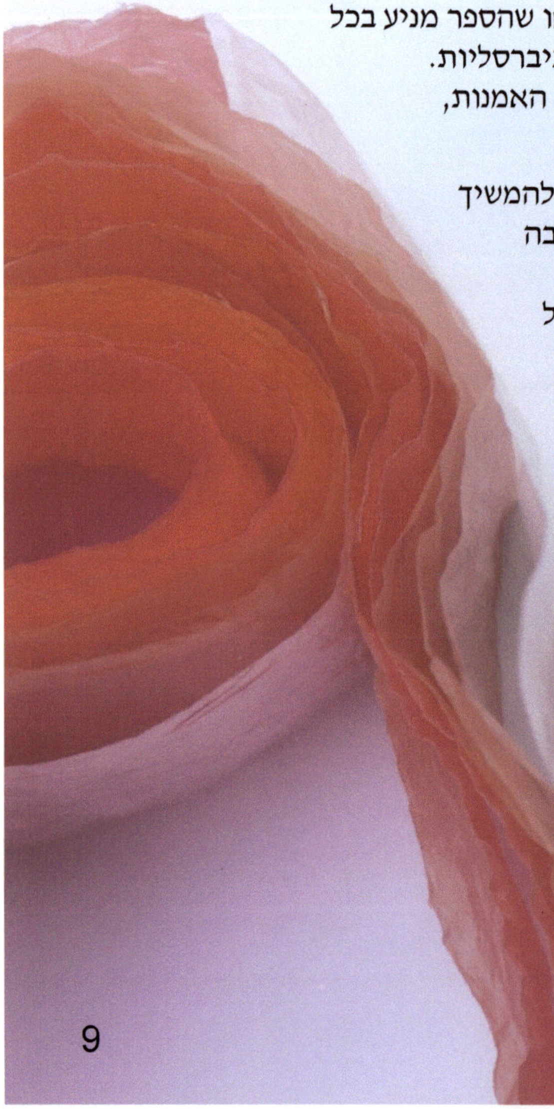

אני משתפת את הקורא בחוויות, רגשות ותובנות, ומתבוננת על תרגול אמנויות לחימה (ג'ודו וטאי-צ'י) מבעד לעיניים של מטפלת באמנות. במהלך הכתיבה עלה בי חשש מחשיפת יתר. הספר חושף מעולמי הפנימי כאמנית ותרפיסטית, כשאני בראשית קריירה של מטפלת באמנות. הדילמה אודות מה ראוי לשתף מלווה את התרפיסטים מראשית התרפיה. מידת החשיפה הראויה היא סובייקטיבית ואינדיבידואלית. אני מאמינה שהספר מציג באותנטיות את האנושיות והרגישות של המטפלת שבי.

הספר נועד למתעניינים בתהליך היצירה, בכתיבה אישית ובקשר שבין אמנות לתרפיה.

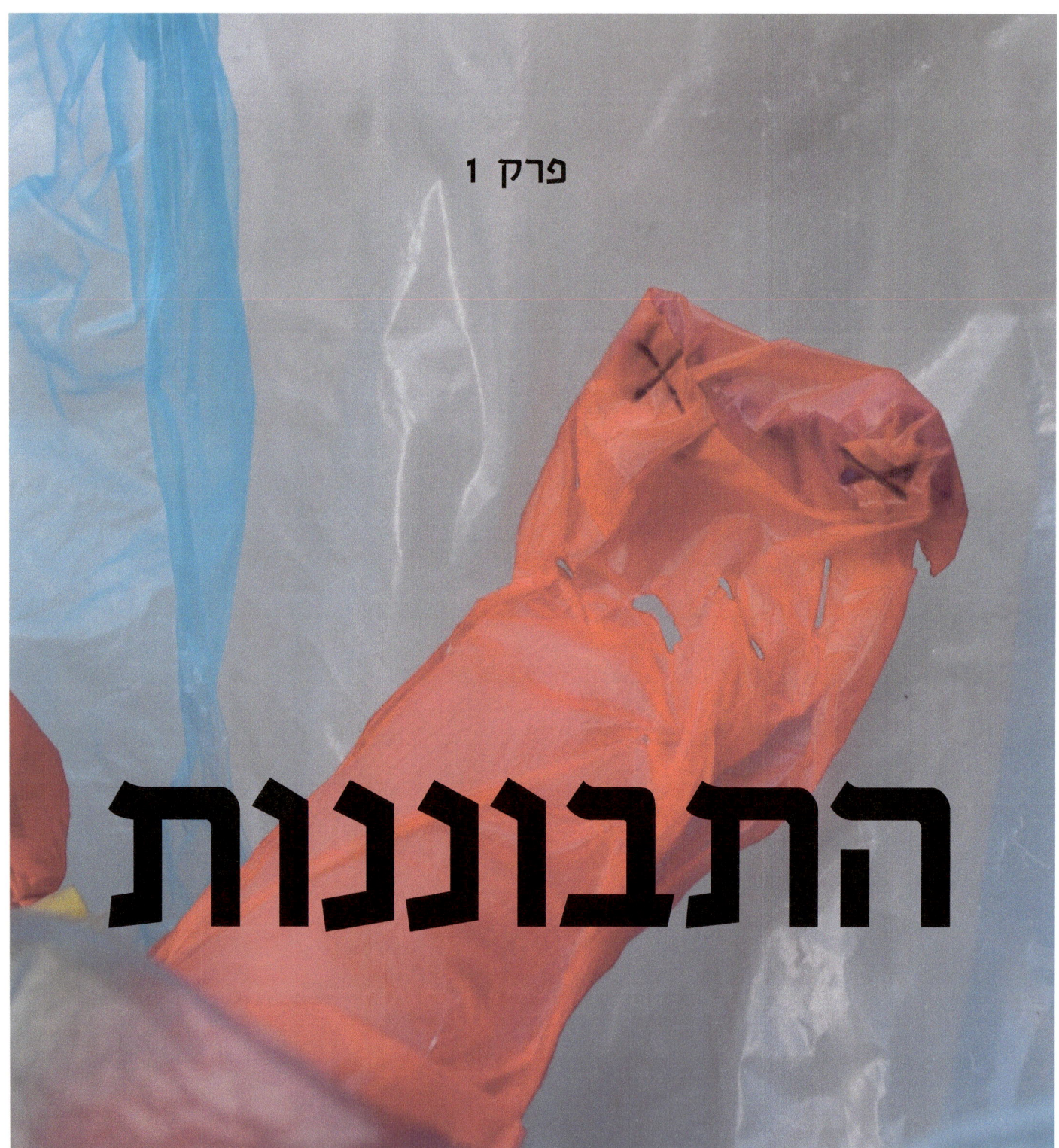

פרק 1

התבוננות

דווקא ניילון

שקית הניילון מזמינה אותי לגעת ולמולל אותה. היא נענית ברישרוש, רכה, גמישה ומתקמטת. השקית מסננת ומחזירה את האור. נערמת לשכבות במשחקי שקיפות ואטימות. שקיות הניילון נקשרות ומשתלבות זו בזו בצבעים מפתיעים, היוצרים צורות מובחנות ואמורפיות.

שמיכה או מים? טובעת או נסחפת בחלומות בהקיץ?

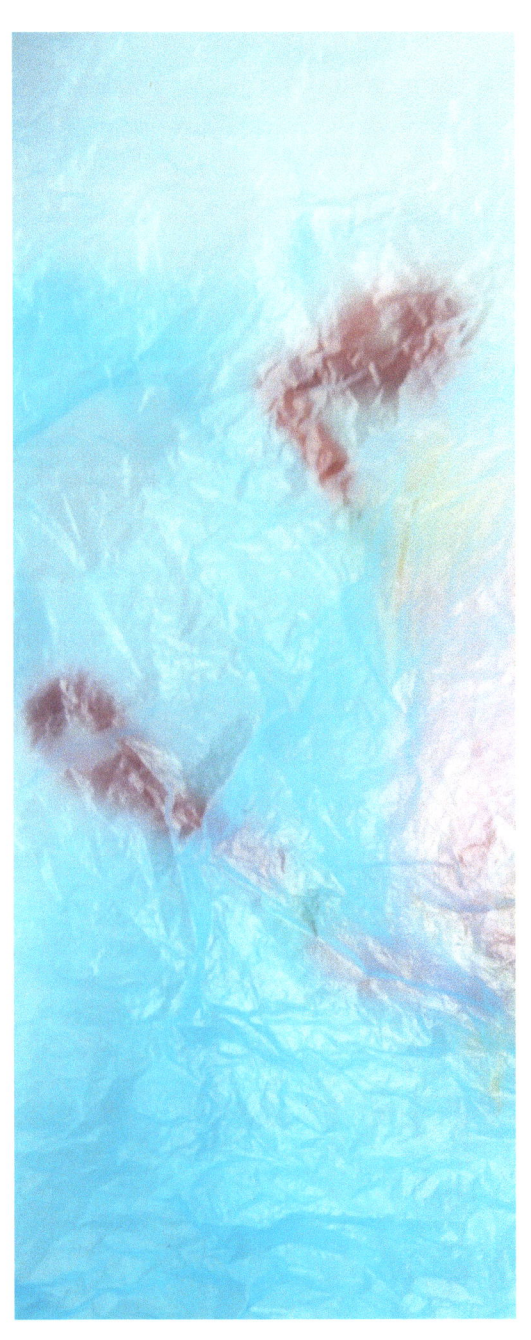

פיסת חלום

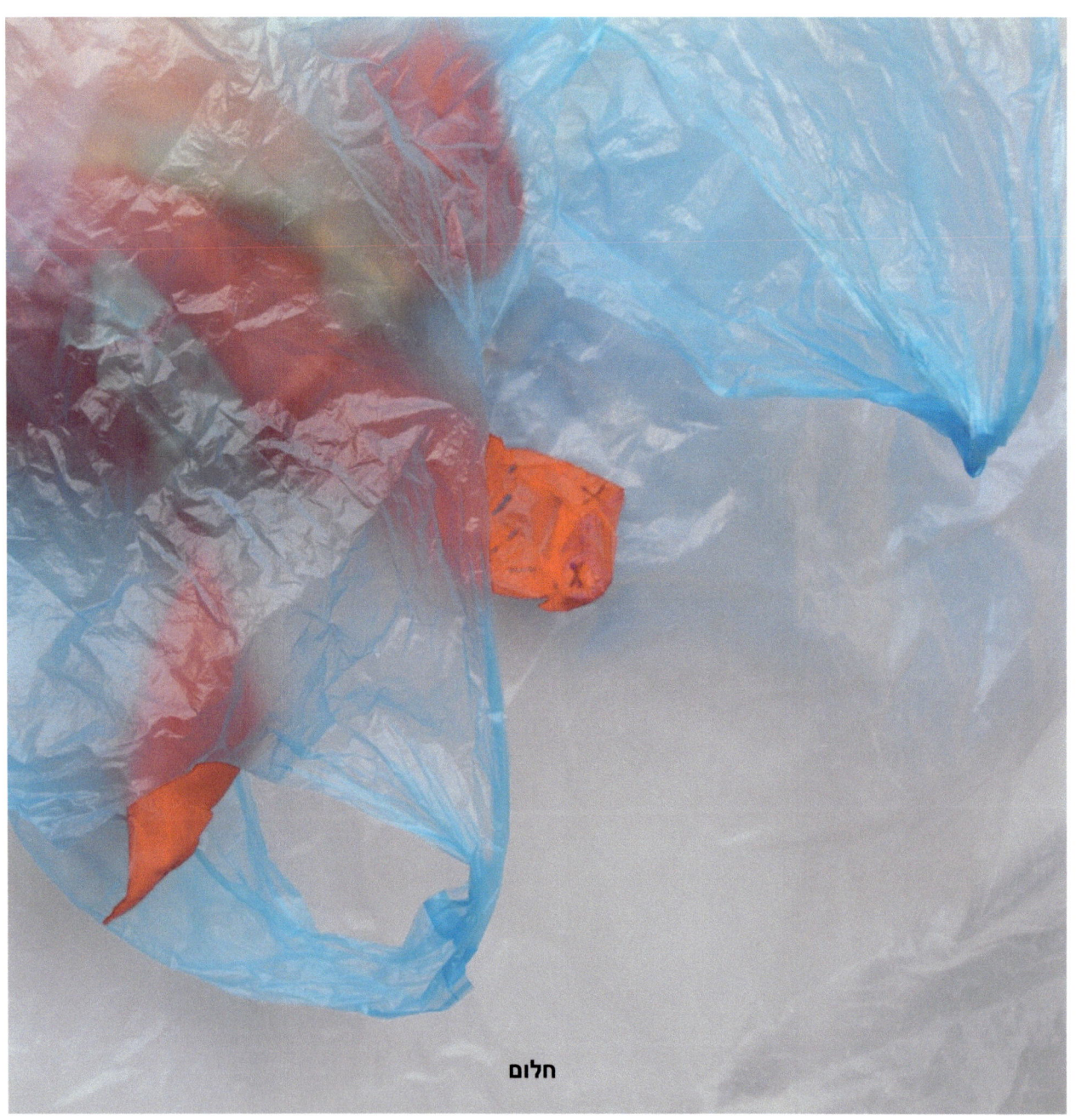

חלום

ניילון חי, צומח ודומם

מושכת ולוחצת. בודקת עד כמה הניילון
הדק מסוגל להמתח. מגלגלת וקושרת
והניילון מתמרד, מרשים בעמידות ובחוזק.
לעיתים כשאני מניחה לשקית, היא נעה
מעצמה, כאילו נכנסה בה רוח חיים.

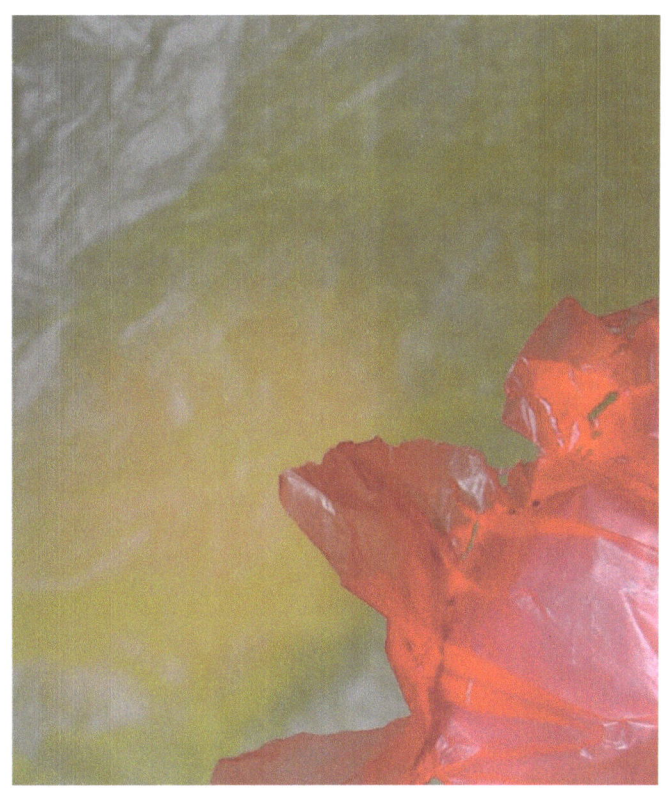

אשליה

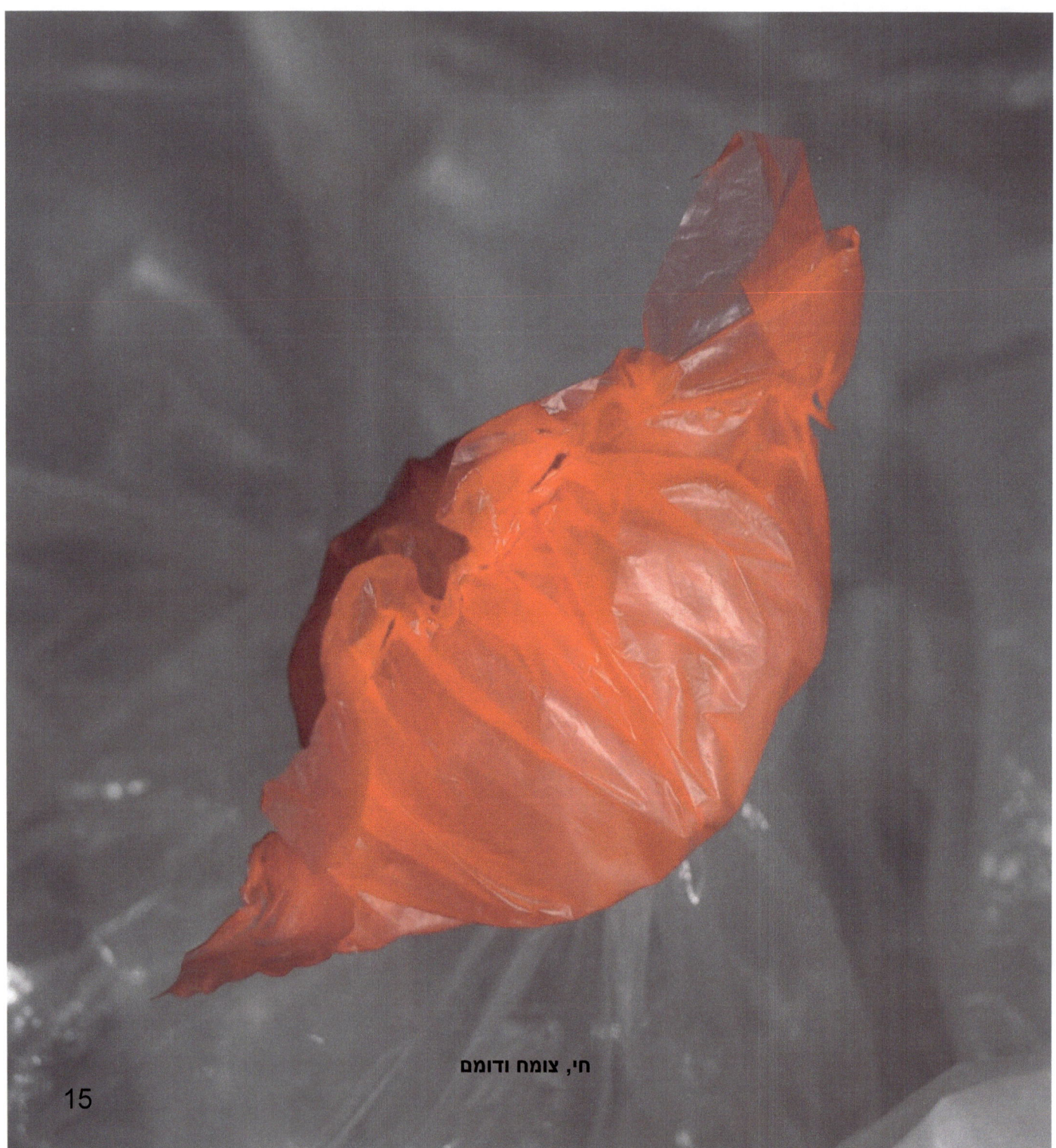

חי, צומח ודומם

האם השקית הזו מתכלה?

ידה נשלחת מעצמה ותולשת שקית ניילון תוך מבט בוחן בסחורה. היא בוחרת ומכניסה כל פרי וירק לשקית משלו... אי אפשר בלעדיהן. כאילו תמיד היו פה. רובן יישארו כאן הרבה זמן אחרינו.

בבית, גם בבית שלי, השקית הופכת בן רגע לשקית זבל או לאשפה עצמה. ממיכל למוכל. רגע לפני, אני מטמינה אותה במגירה. אצלי היא תעבור מטמורפוזה.

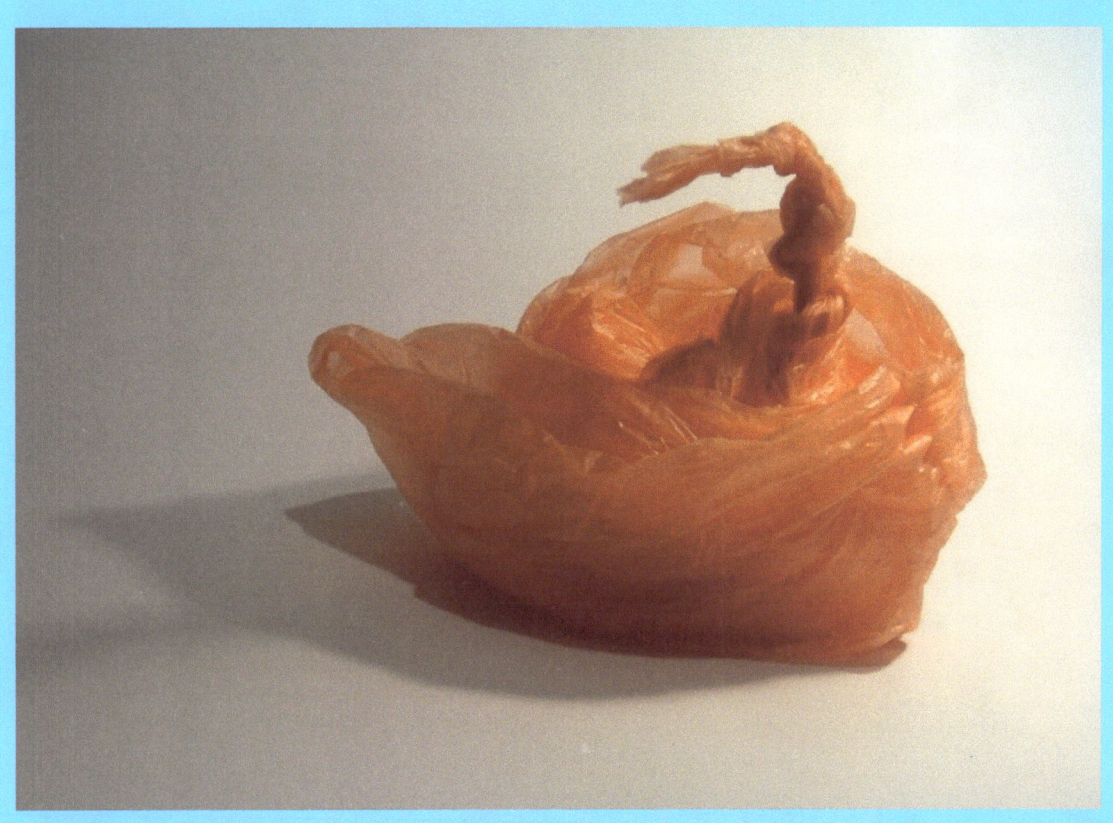

בדיקה מקרוב

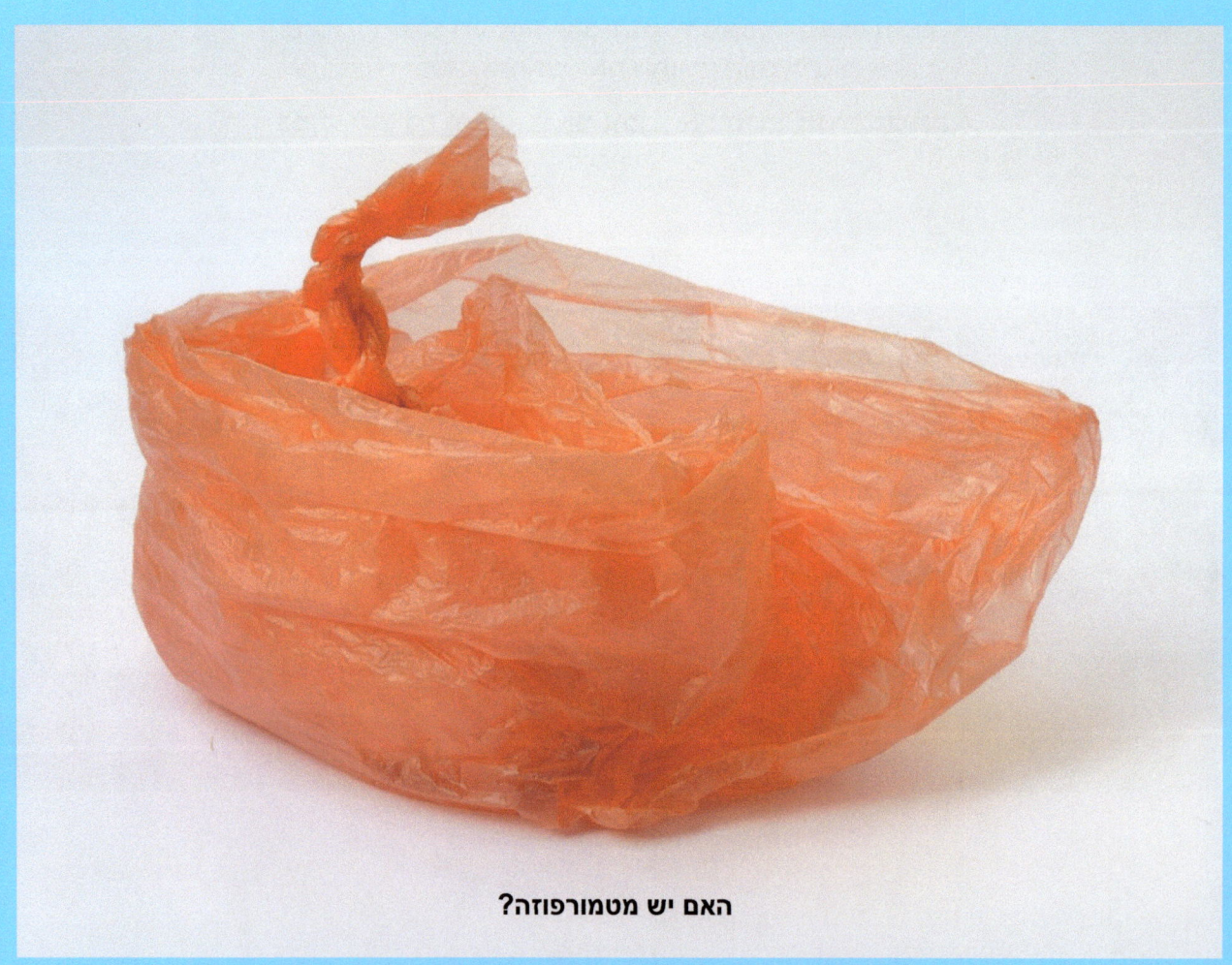

האם יש מטמורפוזה?

תאום ציפיות

שוקלת מילים ומנסחת שוב. הניילון מאפשר לשתף ולגונן, לכסות ולהחצין את החוויה הפרטית.

במסע היצירה והכתיבה אני זוכרת את הדרך חזרה הביתה, ליקיריי.

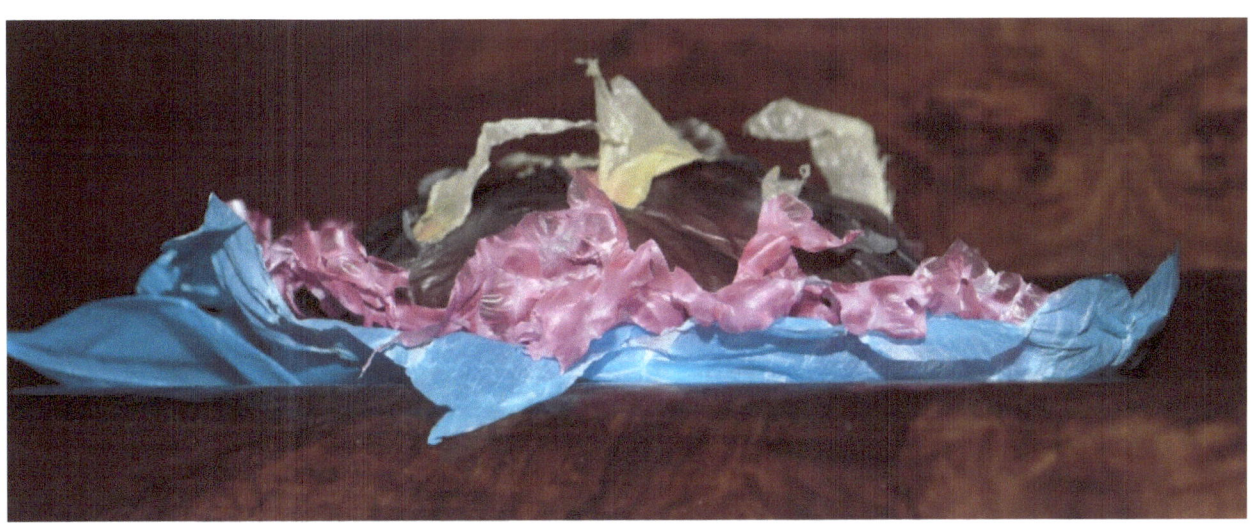

סיעור מוחות

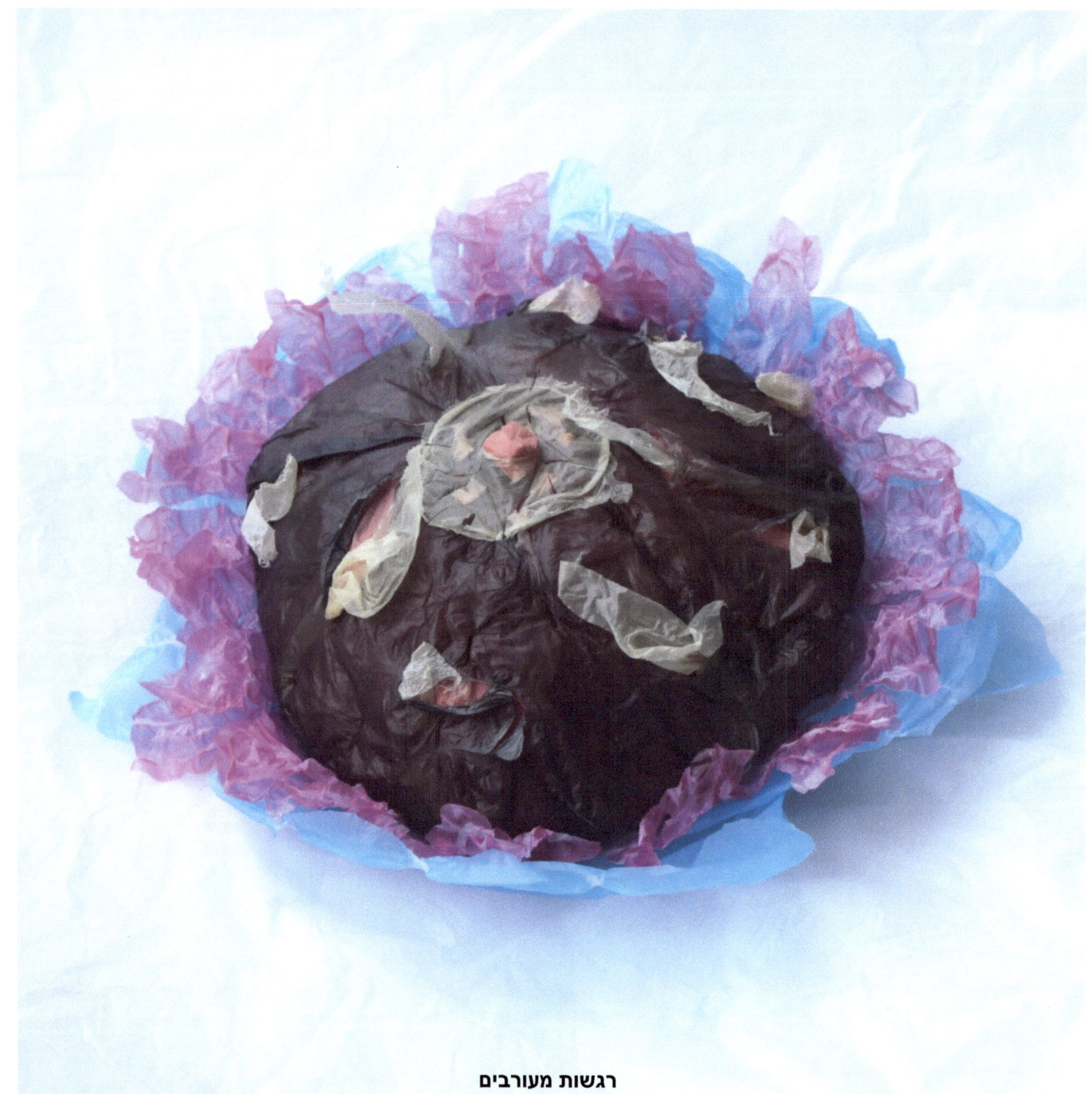

רגשות מעורבים

שיחה אישית

מקפלת עוד שקית ודוחסת אותה לקופסא. כעת היא מוכנה לשליפה. בקרוב אחזור אליה... מתכוננת להתחיל. בעצם כבר התחלתי.

מתבוננת, מתמקדת, ממששת פיסת ניילון, בוחרת בה. פורסת, מקמטת ומותחת. מתארגנת. מה קודם, לכתוב או ליצור?

שיחת נפש

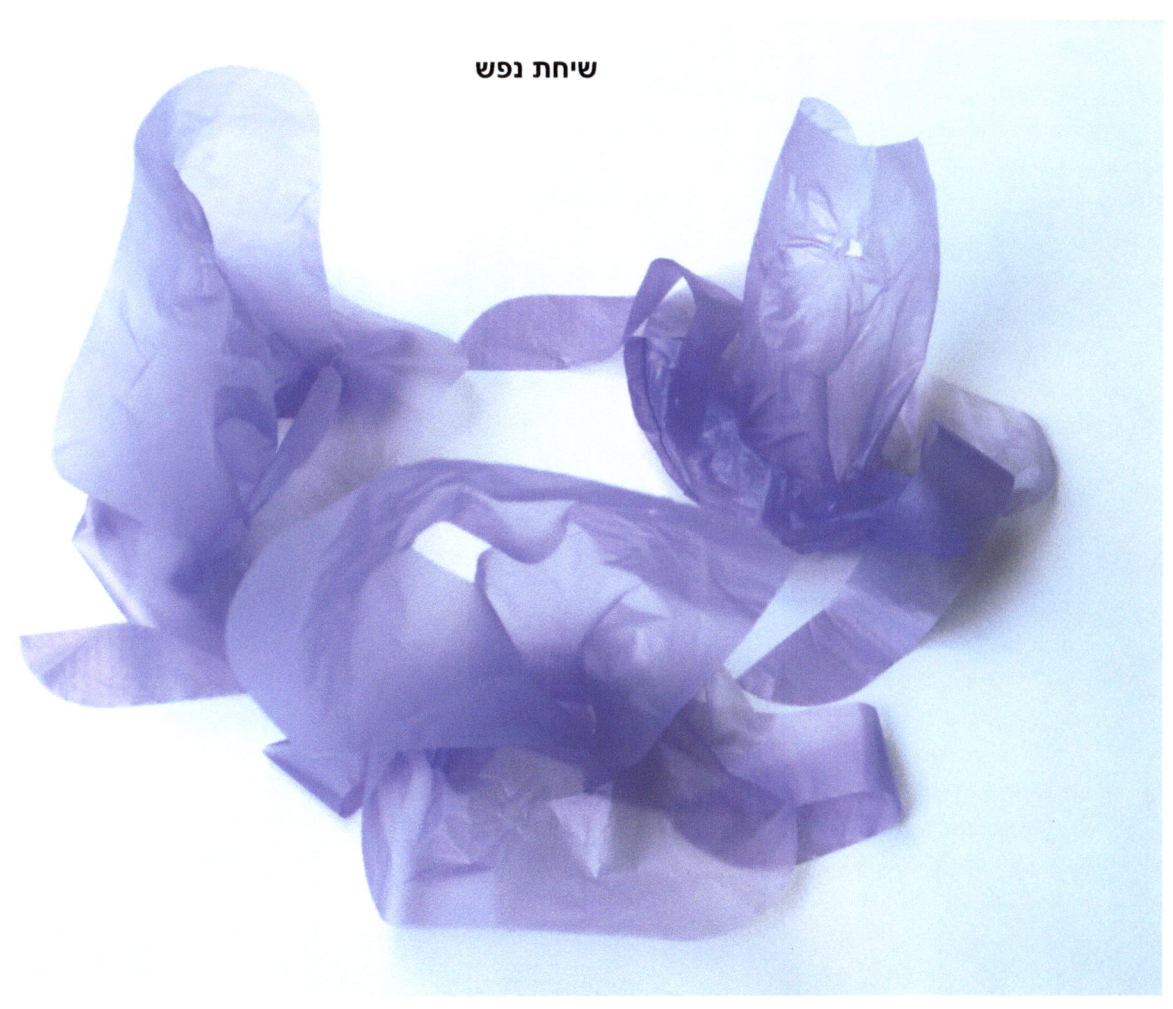

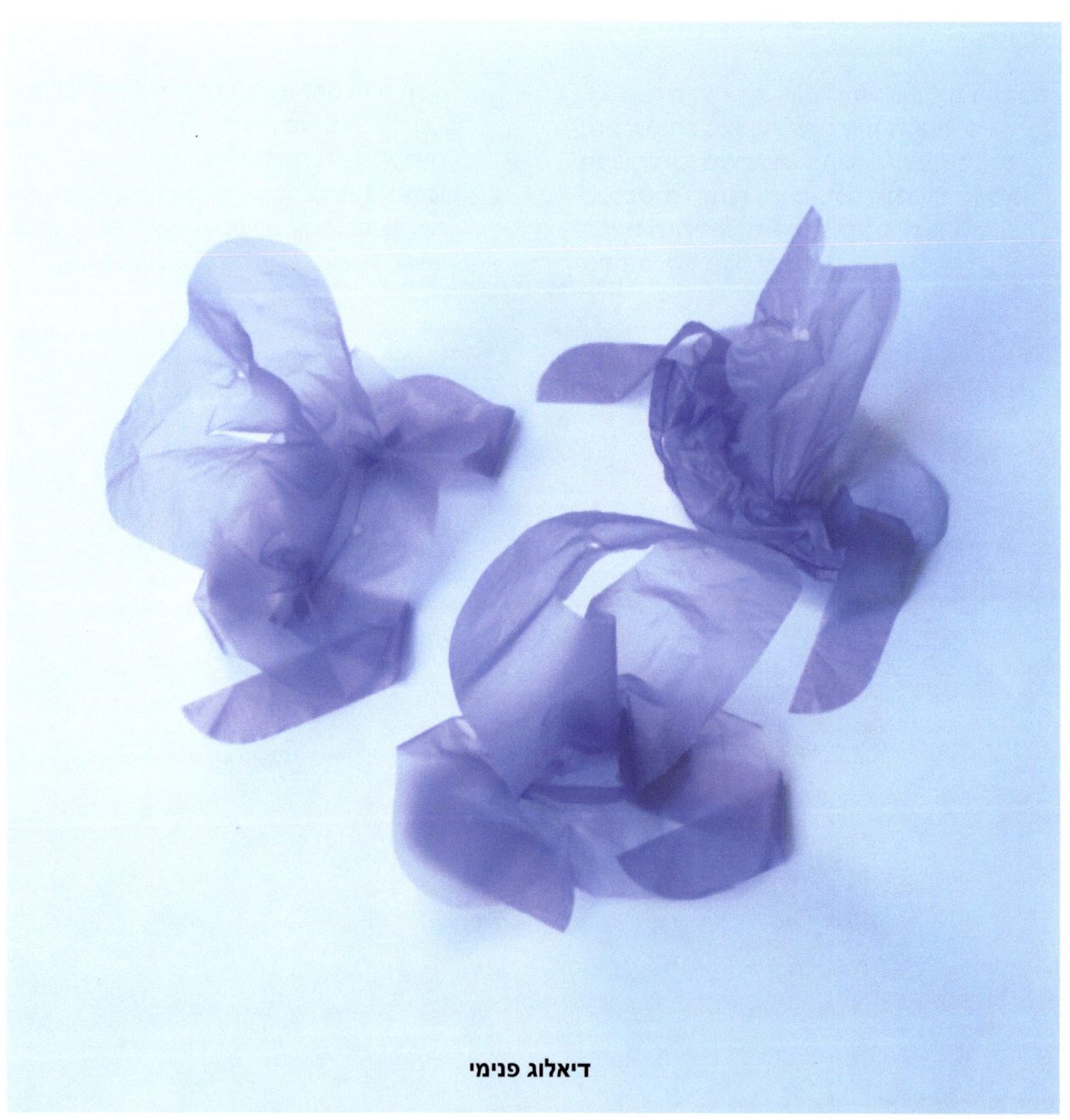

דיאלוג פנימי

פירוק והרכבה

מחליפה מקלדת מקולקלת באחת הדירות ולוקחת אותה איתי. הרחק מעיני הדיירים, פן יקחו ממני דוגמא, אני מפרקת את המקשים ואוספת אותם לשקית. אפשר לעשות איתם משהו... אולי ישמשו במשחק הרכבת מילים ; אולי אבנה מהם סיפור : 'Ctrl' , 'Home' , 'End'...

...מקלידה ועוצרת. מתבוננת במקלדת השלמה והיד עוברת מעצמה אל שקית המקשים המפורקים. מערבבת אותם, מתענגת מצליל הפלסטיק ומופתעת. מאיפה מוכר לי הצליל הנעים הזה?! אבני לגו! פאזל תלת מימדי אינסופי של גילוי עצמי.

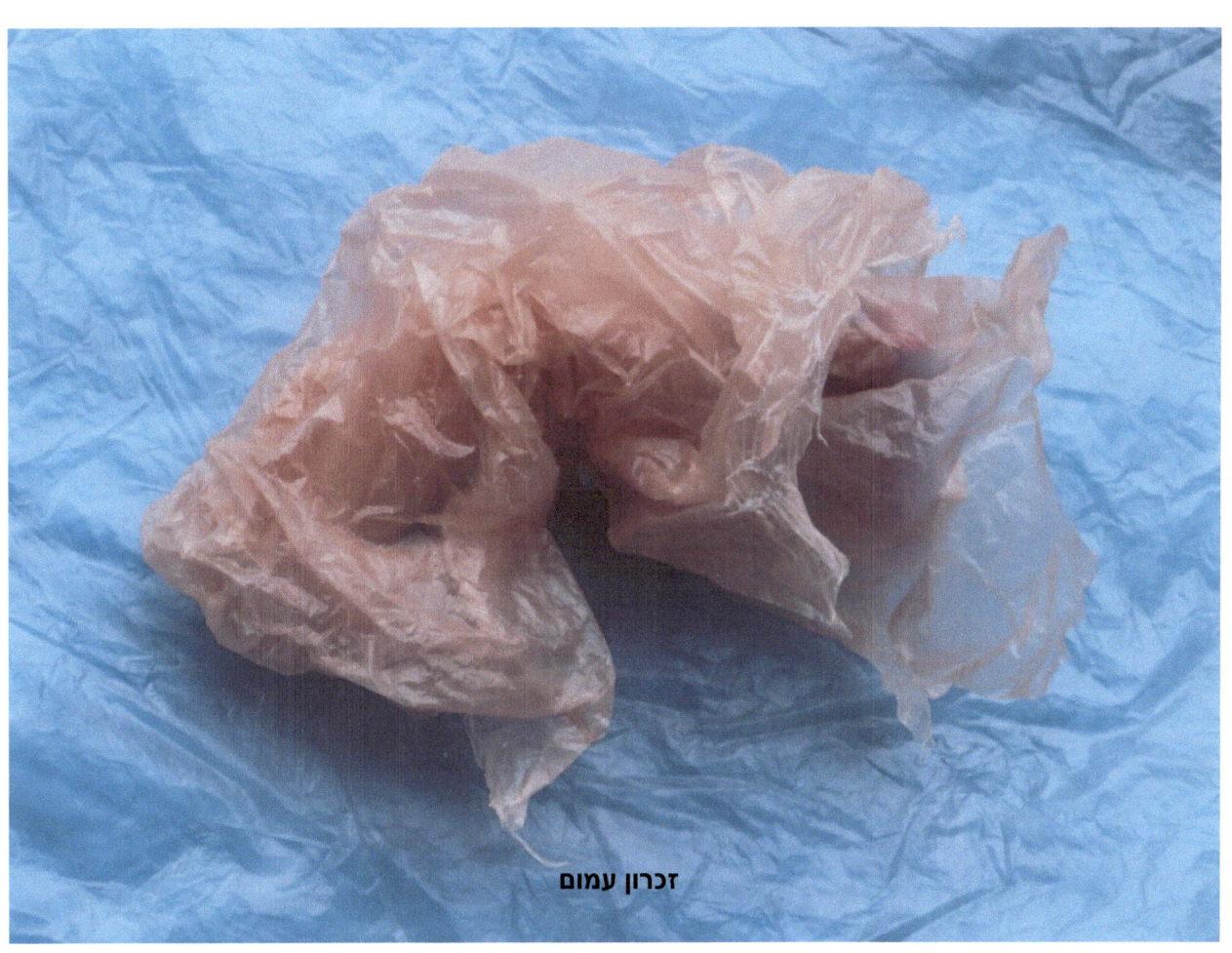

זכרון עמום

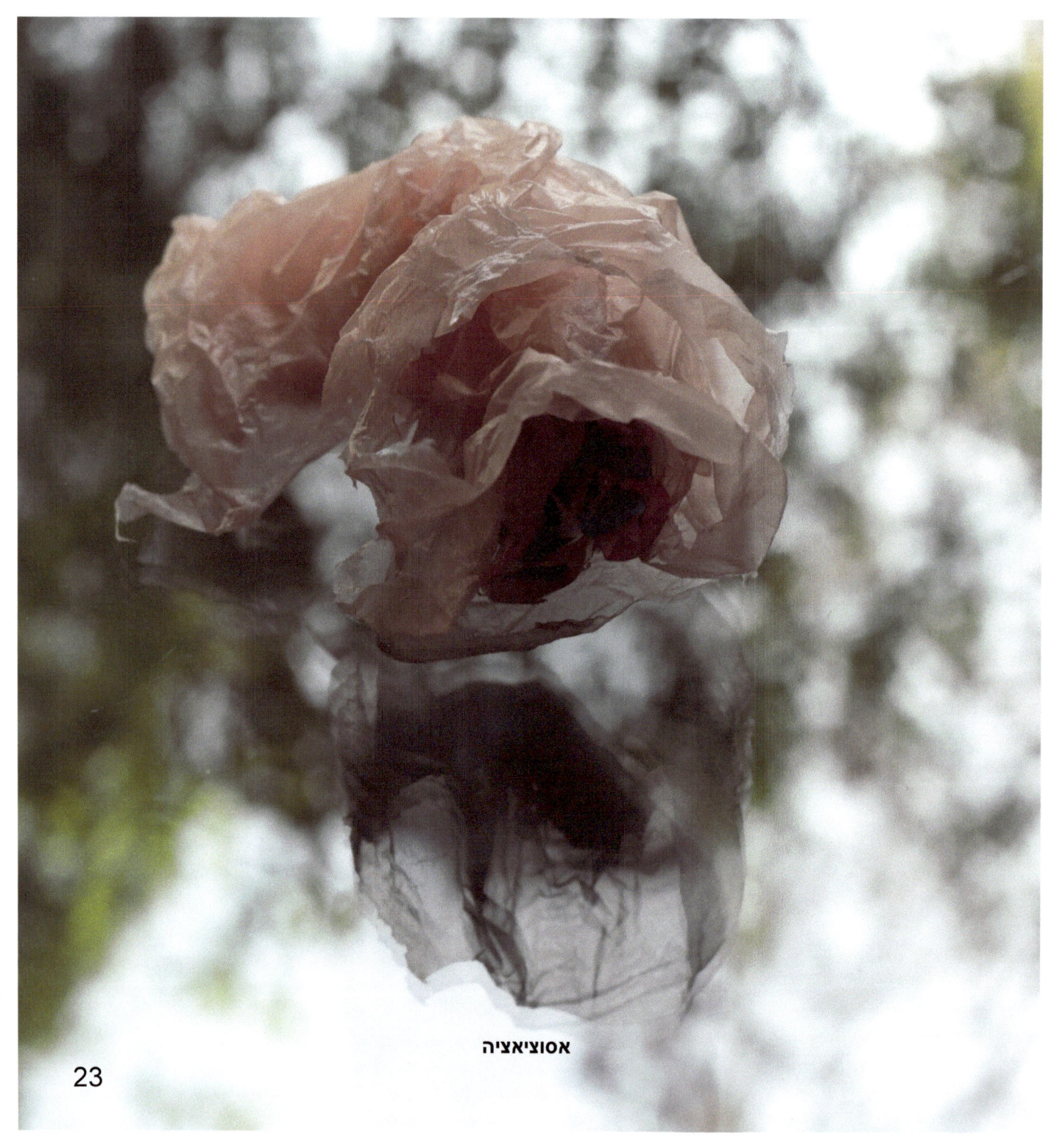

אסוציאציה

ביקורת עצמית

לזה התכוונתי? הדגש משתנה לסירוגין. הדרך לריצוי עצמי ארוכה. האם אני מובנת? כעת העבודות עומדות בזכות עצמן, מוכנות להכיל את המשמעויות שכל אחד ייתן להן.

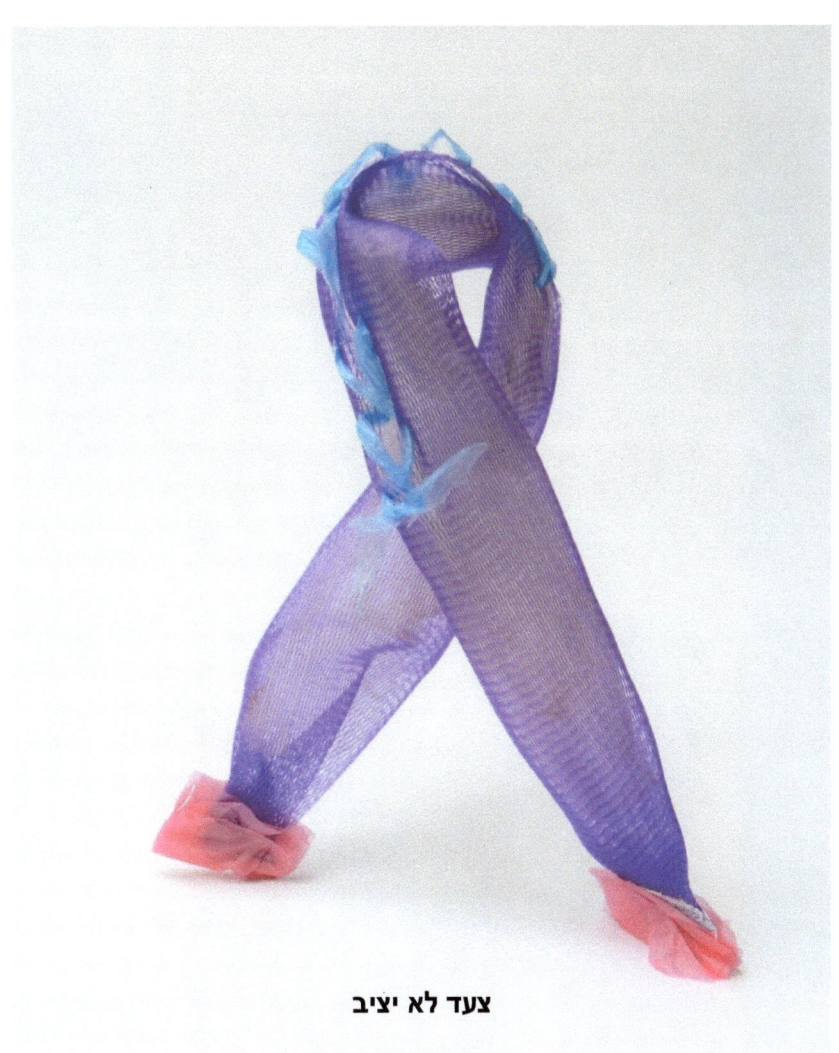

צעד לא יציב

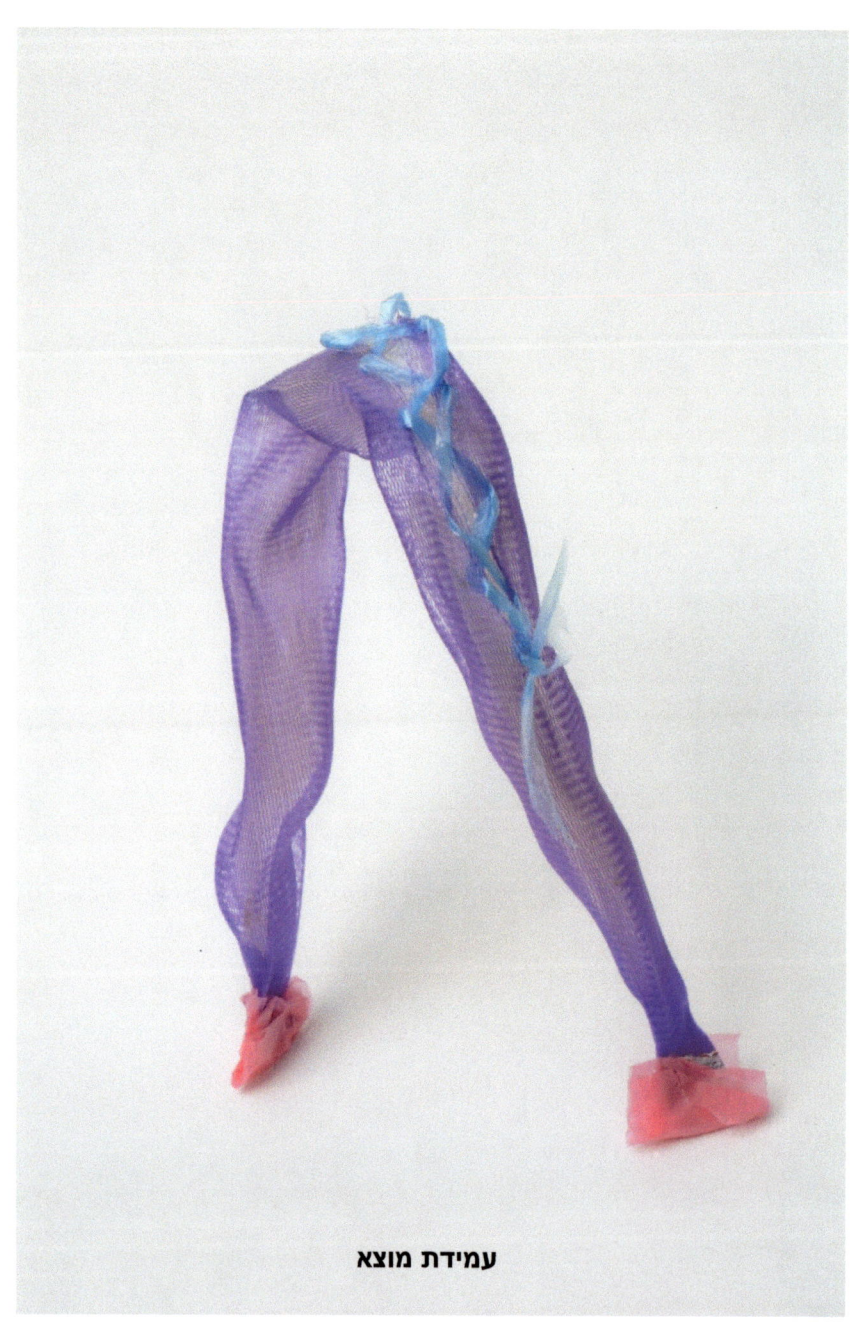

עמידת מוצא

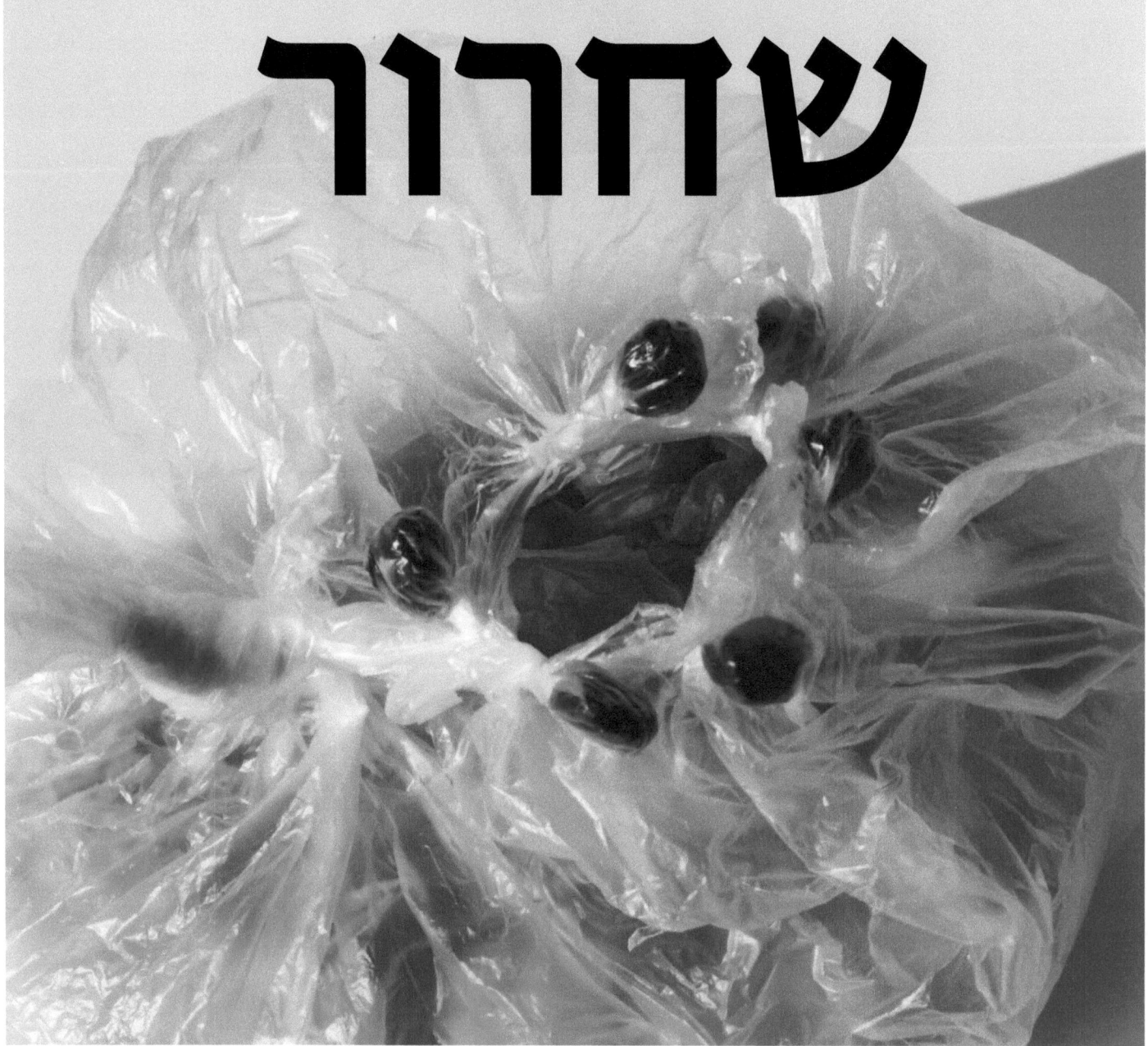

פרק 2

שחרור

הגוף הזה

לגוף הזה דרכים משלו להוליך אותי.
הגוף הזה מסוגל לקרקע אותי. לכאוב ביצירתיות.
לגוף הזה תכונות משלו, רצון משלו,
נישא על הרגליים אבל מוליך אותן.
הגוף הזה מחובר לראש, אבל לפעמים מנותק,
מטייל בזמנים, חולם.
הגוף הזה מרובה ידיים ואצבעות,
חיישנים לעכשיו, להווה.

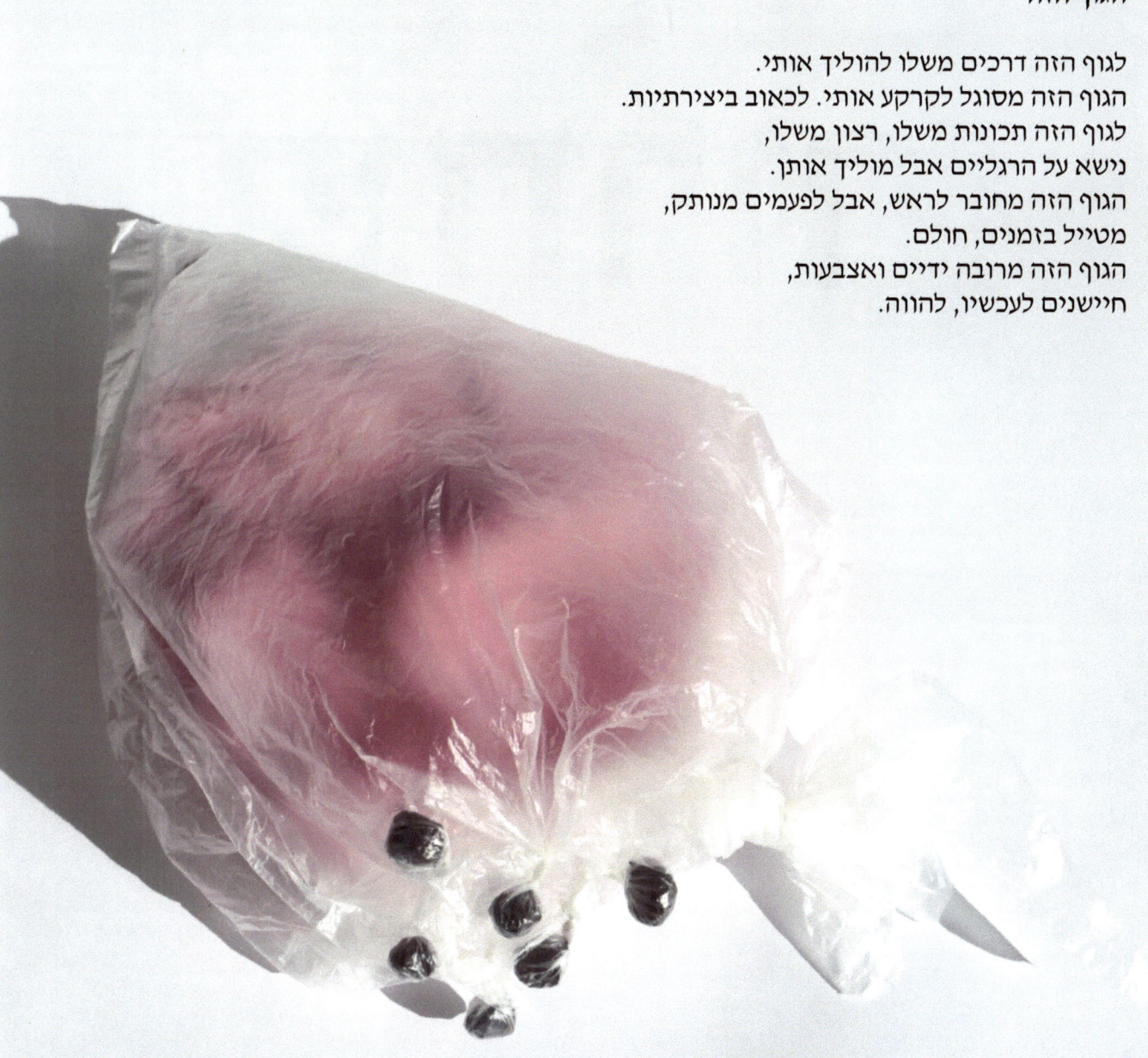

משא

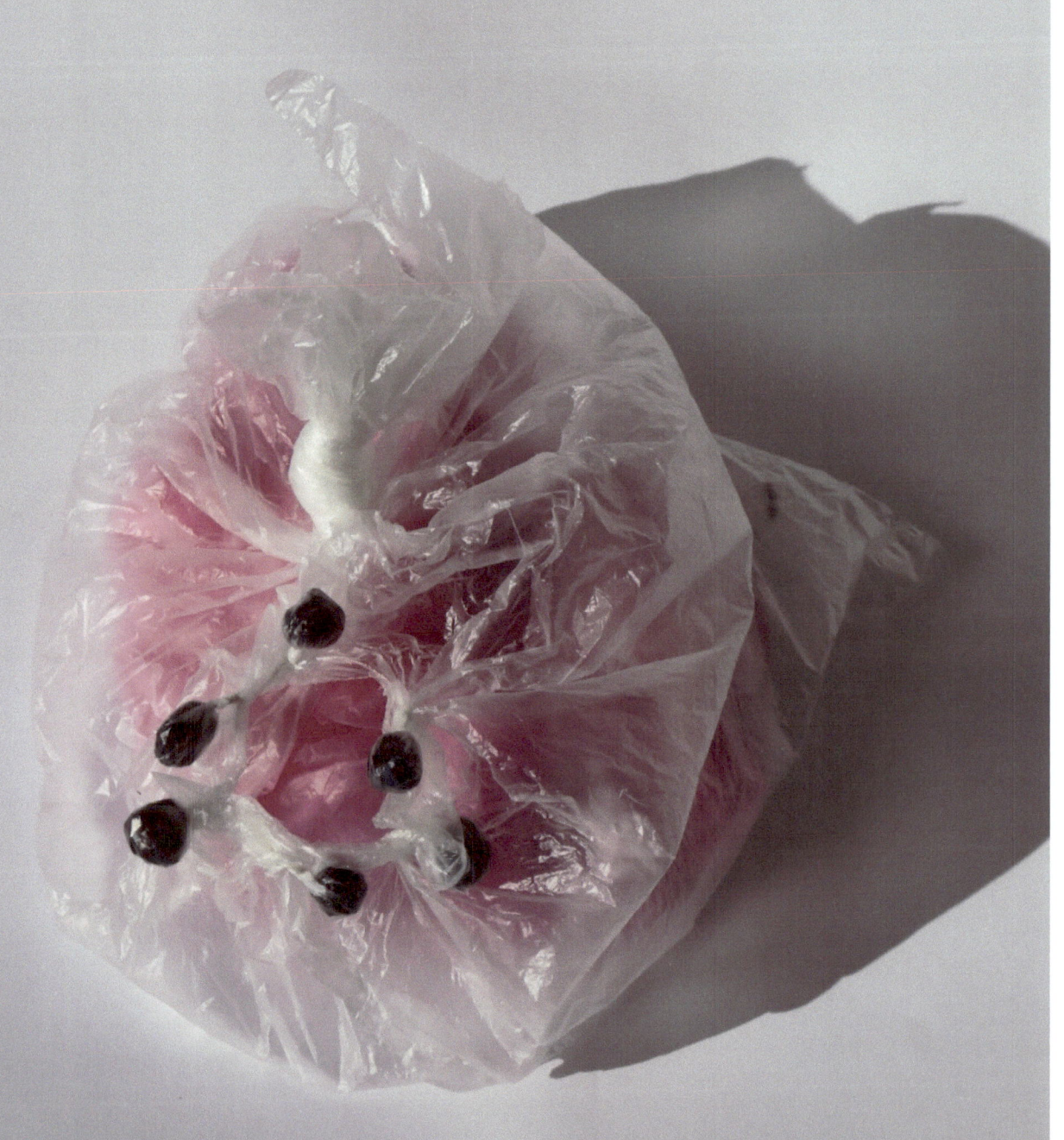

מיכל

קולאז׳ תנועות

מנסה להמחיש את חוויית הטאי-צ׳י בניילון; לבטא את ההתבוננות מהצד ומבפנים; הנגיעה בדימוי הגוף; התחושות בתרגול לבד, בזוגות ובקבוצה; האגרסיביות המעודנת; התנועה המתואמת... בדרך מאבדת את הספונטניות.

מוצאת את עצמי בוחרת תמונות ובוחנת תנועות. גוזרת דמויות בפרופורציות הנכונות. עסוקה בשיפוט עצמי. הלך הכייף, נסחפתי. בדיוק מזה ביקשתי להשתחרר, גם בטאי צ׳י.

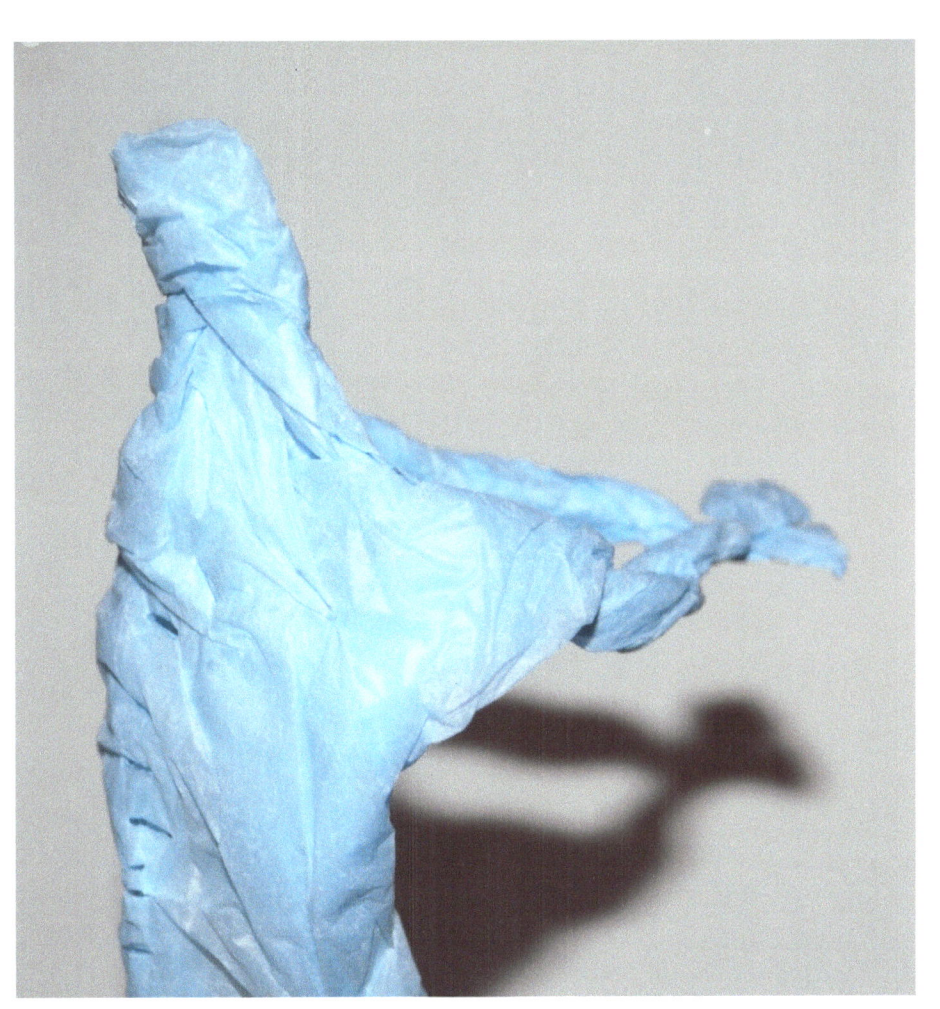

התבוננות פנימית

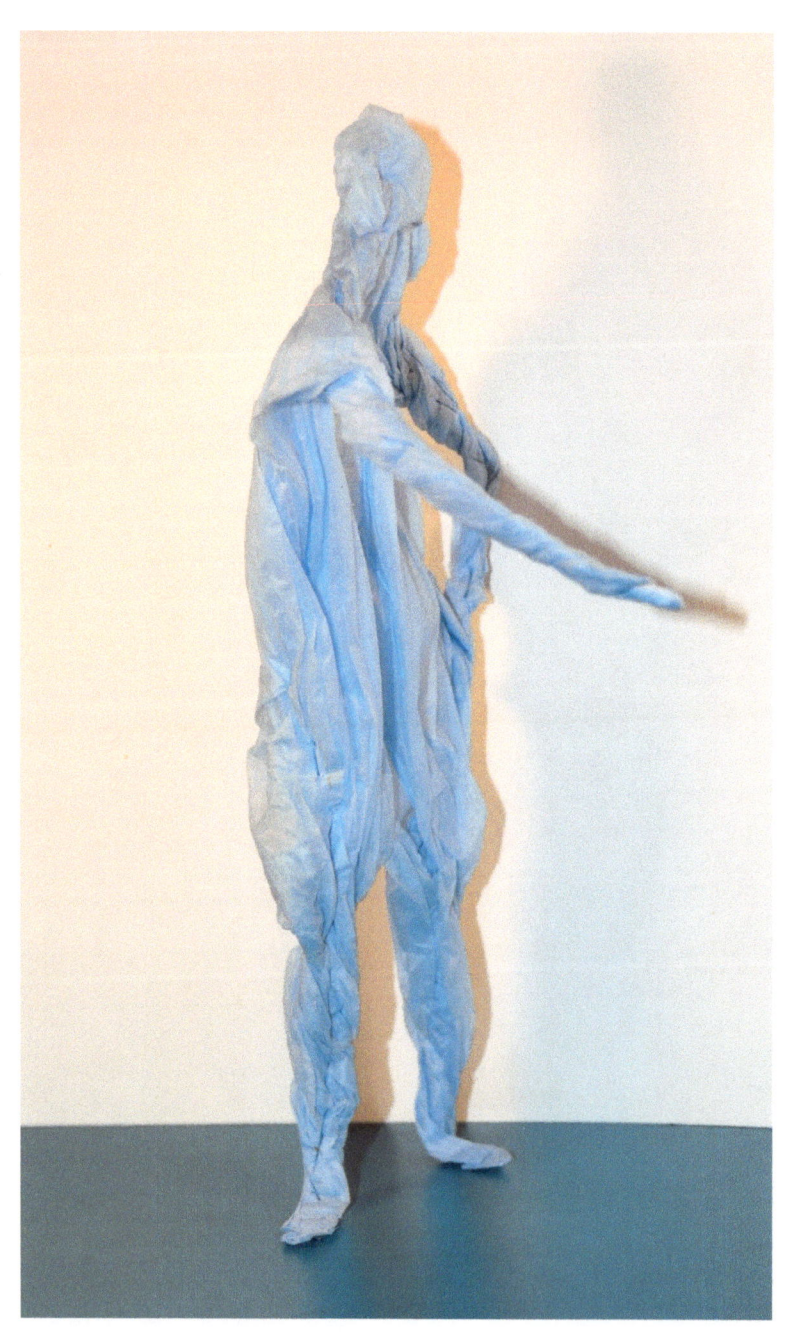

נוכחת

פוחדת ונהנית

כשהתחלתי להתאמן בג'ודו הופתעתי לגלות שאינני מצטיינת ואינני מוכשרת, ולא רק בגלל הגיל המבוגר והכושר הפיזי הירוד. התקשיתי לחקות ולבצע את הטכניקות. פחדתי ליפול. התבלבלתי בין ימין לשמאל. נרתעתי מלתקוף באסרטיביות.

למרות הקשיים ואולי בזכות האתגר, ביקשתי לפגוש שוב את החוויה ואני ממשיכה לתקן ולהשתפר. פוחדת ליפול, נהנית לבלום וקמה בחיוך גדול.

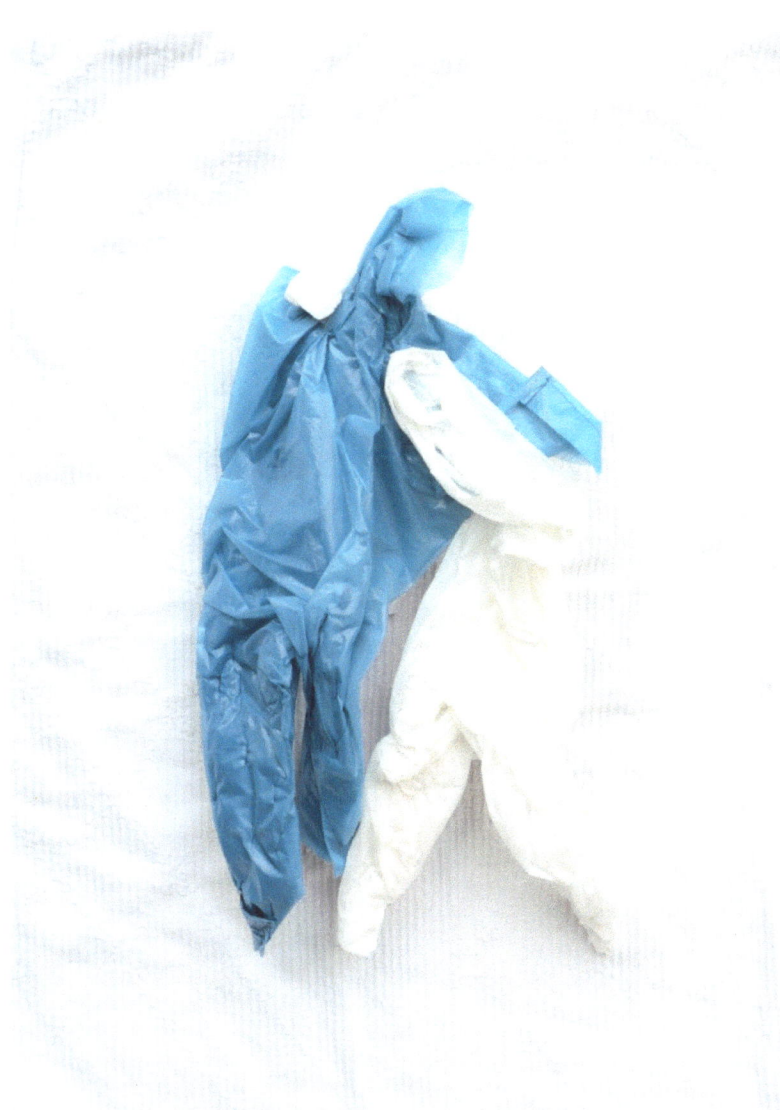

הדדיות

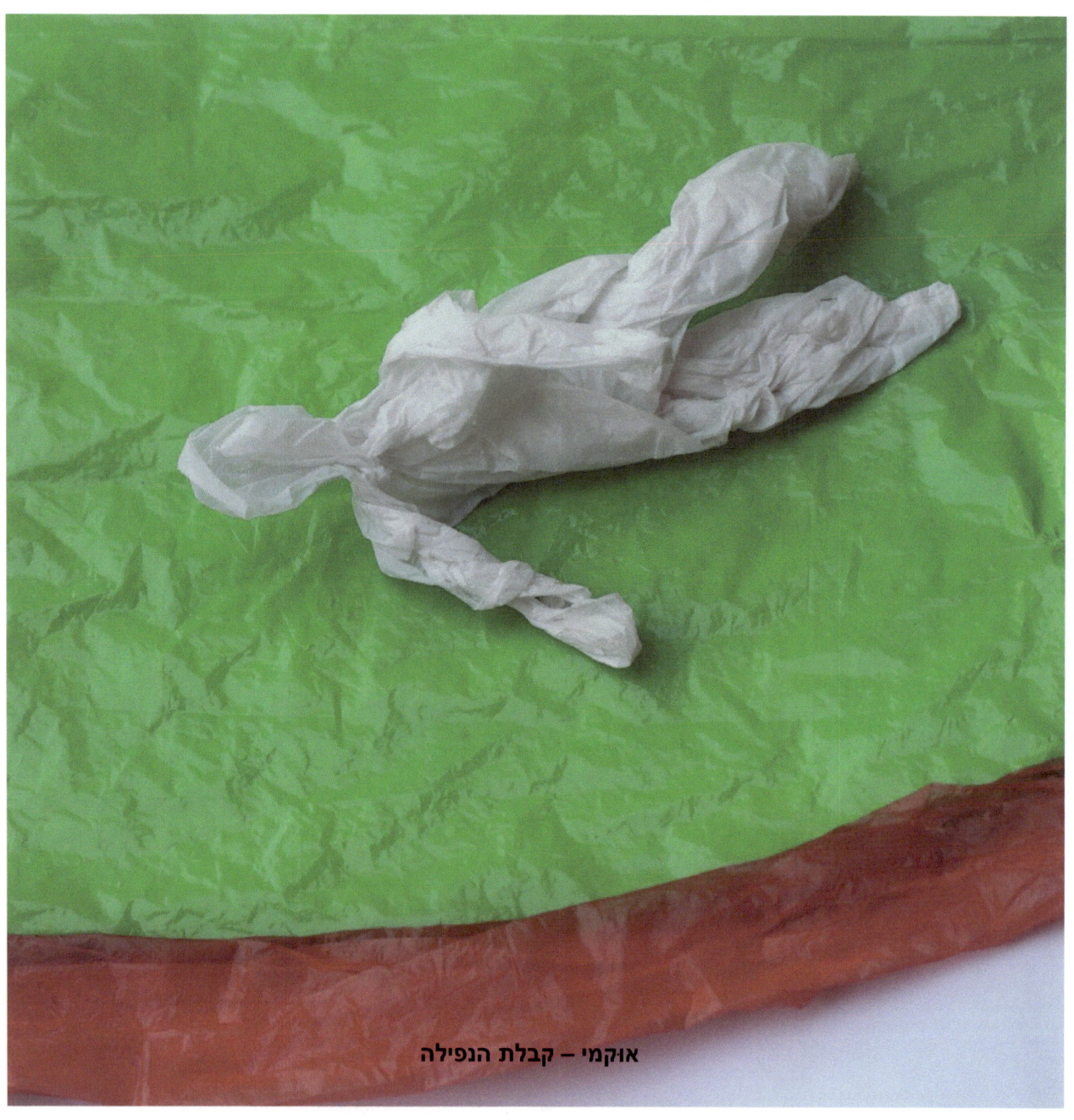

אוקמי – קבלת הנפילה

הומור, חרדה ותת-מודע

באימון הטאי-צ׳י ההוא עמדנו בזוגות לתרגול תנועות התקפה והגנה איטיות מתוך ה״קאטה״ (סדרת תנועות טכסית רצופה). מצאתי עצמי עומדת מול חברת קבוצה ותיקה, אישה בריאת גוף וטובת לב. בשעה שהמדריכה הדגימה את התרגיל, לחשתי לה בבדיחות הדעת שלא תרביץ לי. להפתעתי היא רטנה בעלבון שנמאסה עליה הבדיחה הזאת. התנצלתי מעומקי לבי, ממש לא התכוונתי לפגוע בה! התחבקנו במבוכה משותפת והתעשתנו.

ההערה הספונטנית שלי המשיכה להטריד. הבנתי שההומור שיקף חרדה לא מודעת מגוף גדול ממני.

דווקא בתרגול האיטי והצפוי של הטאי צ׳י, התבהרה הבחירה הלא מודעת שלי בפרטנרים גם בג׳ודו.

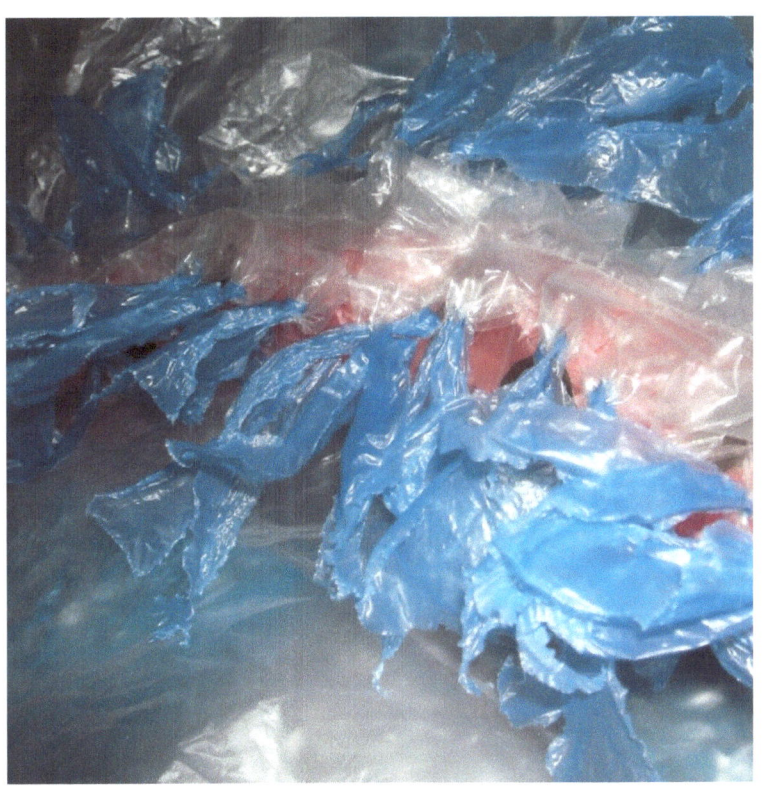

עבודת צוות

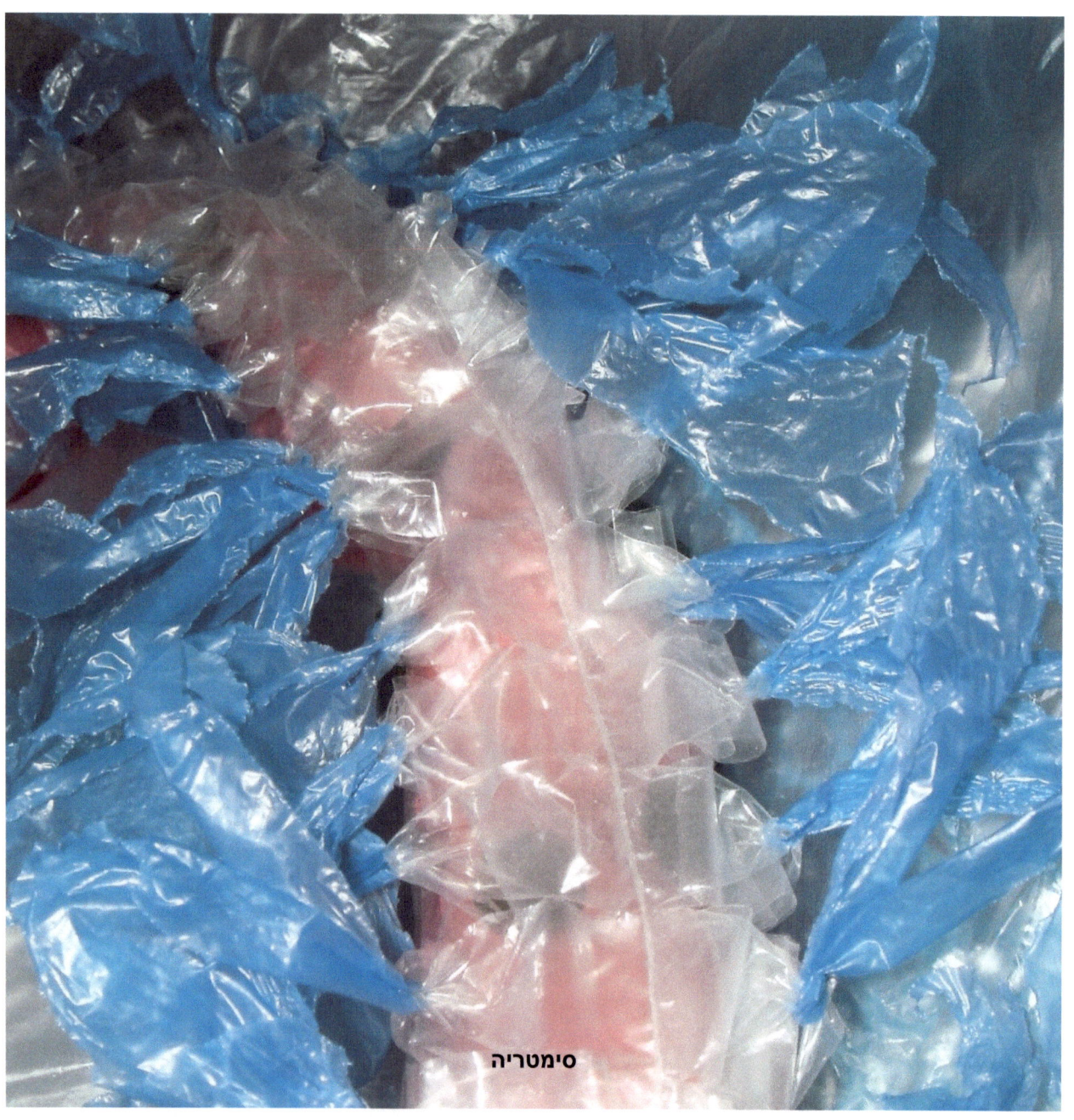

סימטריה

שוב אותו מקום

בליל מילים בשפה זרה ומושגים חדשים מתקבץ לפלונטר ההולך ומתעבה. שוקעת בתחושת כבדות. נאבקת בריכוז המתאדה, מרפרפת בחלומות בהקיץ.

ההרגשה המרה הזאת מוכרת. למה זה חוזר אלי שוב? מועקה של חוסר התאמה. כפייה של מסגרת נוקשה. תרגעי. רק פה את תקועה, וגם אמיצה להודות שאינך מבינה. כעת נותר להעביר את השעה.

צפה בזמן ושוב רוטנת. עכשיו, כשאני מודעת למחיר היקר של הזמן שלי, אני מבזבזת את החיים שלי דקה אחר דקה. מתאמצת לא לכעוס, להשלים עם הבחירה שלי לשבת כאן.

איפה אני עכשיו? חשבתי שכבר מצאתי את המקום שלי! נסחפת שוב. עד מתי אחזור לשם? זו לא ריקות, זו התרוקנות.

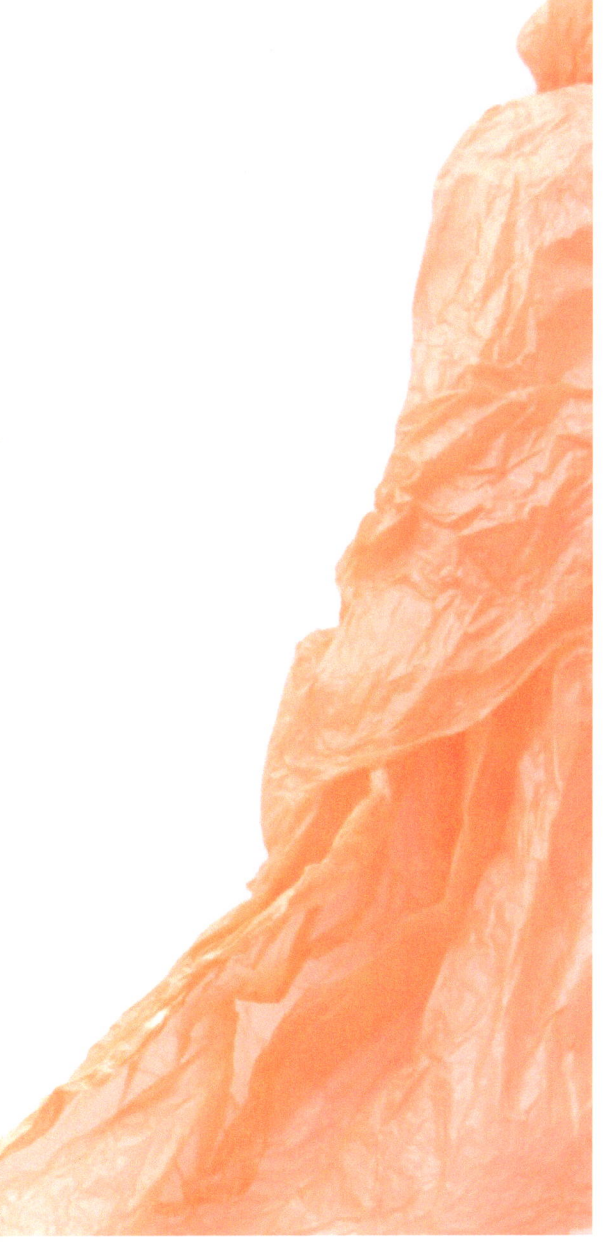

תסכול

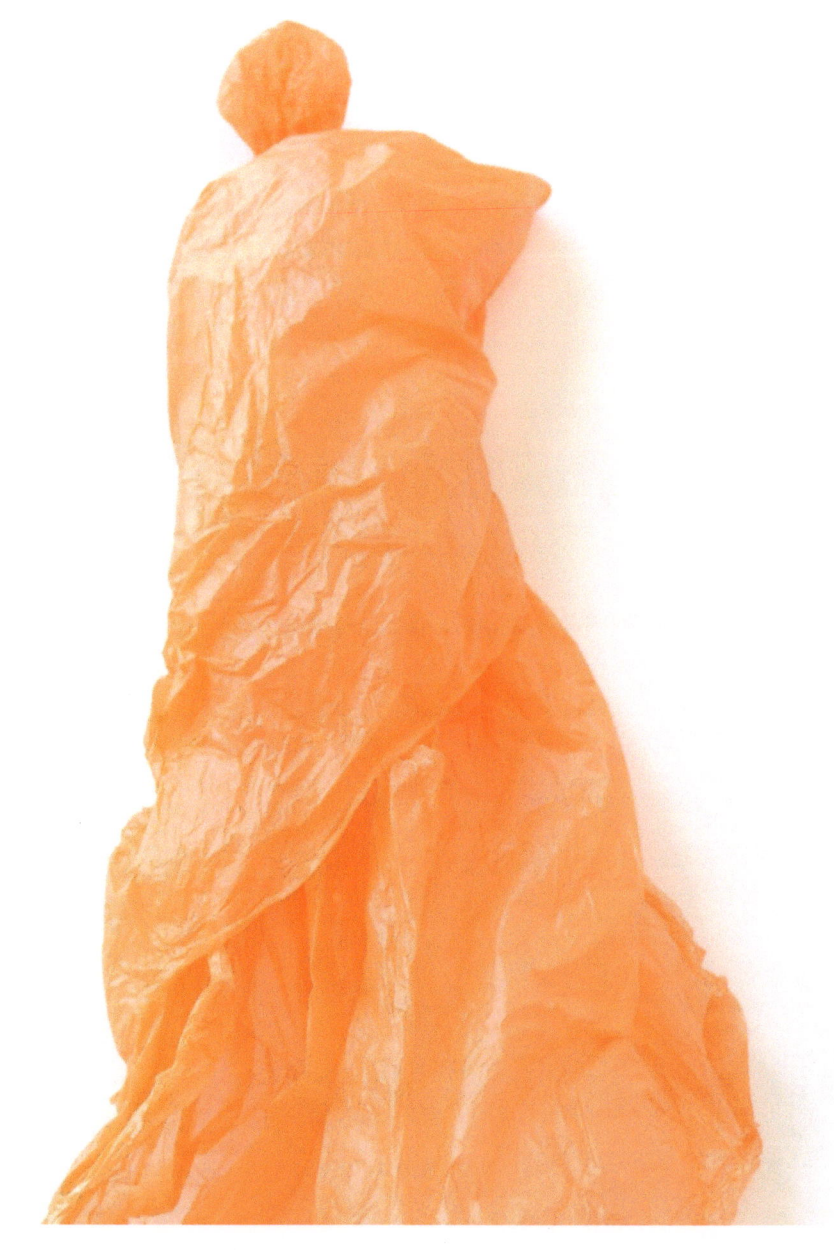

מורה - מרוּת

שעורי בית

כשלא הצלחתי להסביר, קיבלתי שעורי בית לכתוב על זה. ללמוד מהאינטראקציה בינינו שמביכה כעת. מהי המבוכה? רתיעה מה"מורה" המתגלה בה? מהקפדנות? מה מזכירה לי הסיטואציה? השתיקה ריקה וארוכה.

טובלת את הידיים במים ושוב מנגבת אותן זו בזו, כאילו היו באמצע שיחה ביניהן... היא מורה לי להשען עם כל הגוף - ככה. איך להניח בדיוק את היד. באיזה אצבעות לגעת בחומר. עכשיו ללחוץ. הרבה הוראות. היא יודעת בדיוק. מה אני יודעת? החומר מסתובב במהירות על האובניים ואני רוצה נורא להצליח להרים. מוכשרת אבל זהירה מדי. "את סתם נוגעת, תלחצי כאן". לא, לא רוצה. רוצה להצליח לבד. בקצב שלי. מנסה לשמור על המרכז שלי ונעה במעגלים.

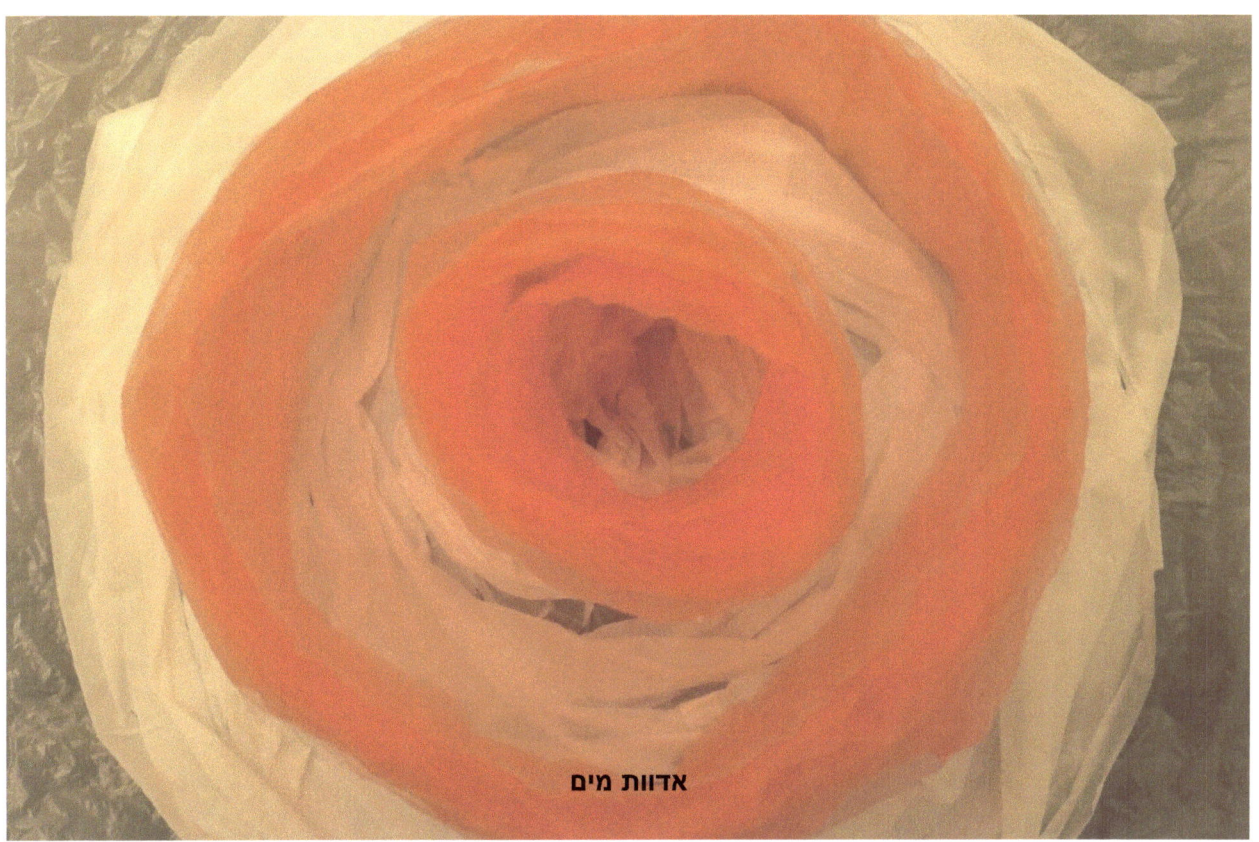

אדוות מים

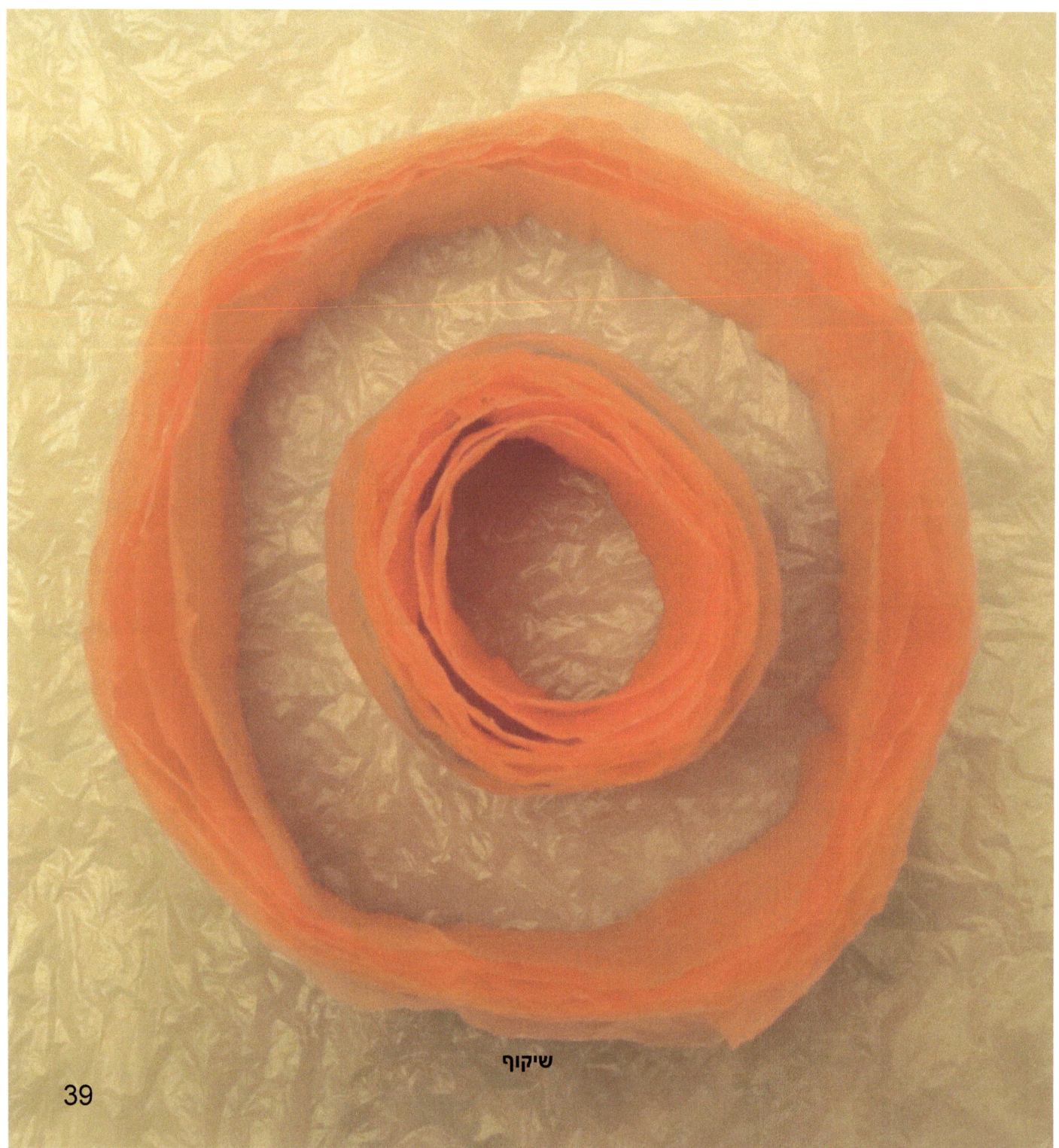

שיקוף

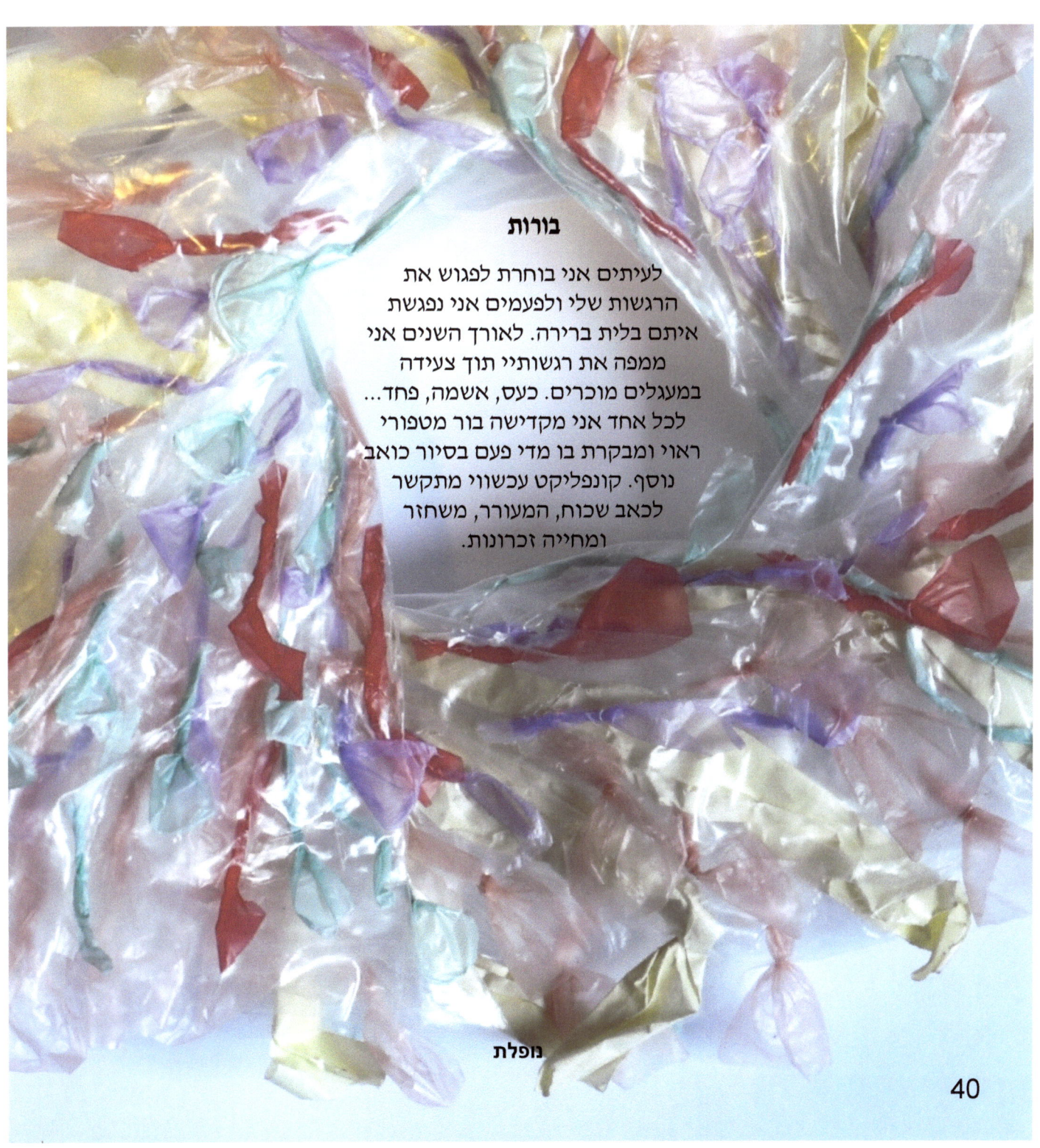

בורות

לעיתים אני בוחרת לפגוש את הרגשות שלי ולפעמים אני נפגשת איתם בלית ברירה. לאורך השנים אני ממפה את רגשותיי תוך צעידה במעגלים מוכרים. כעס, אשמה, פחד... לכל אחד אני מקדישה בור מטפורי ראוי ומבקרת בו מדי פעם בסיור כואב נוסף. קונפליקט עכשווי מתקשר לכאב שכוח, המעורר, משחזר ומחייה זכרונות.

נופלת

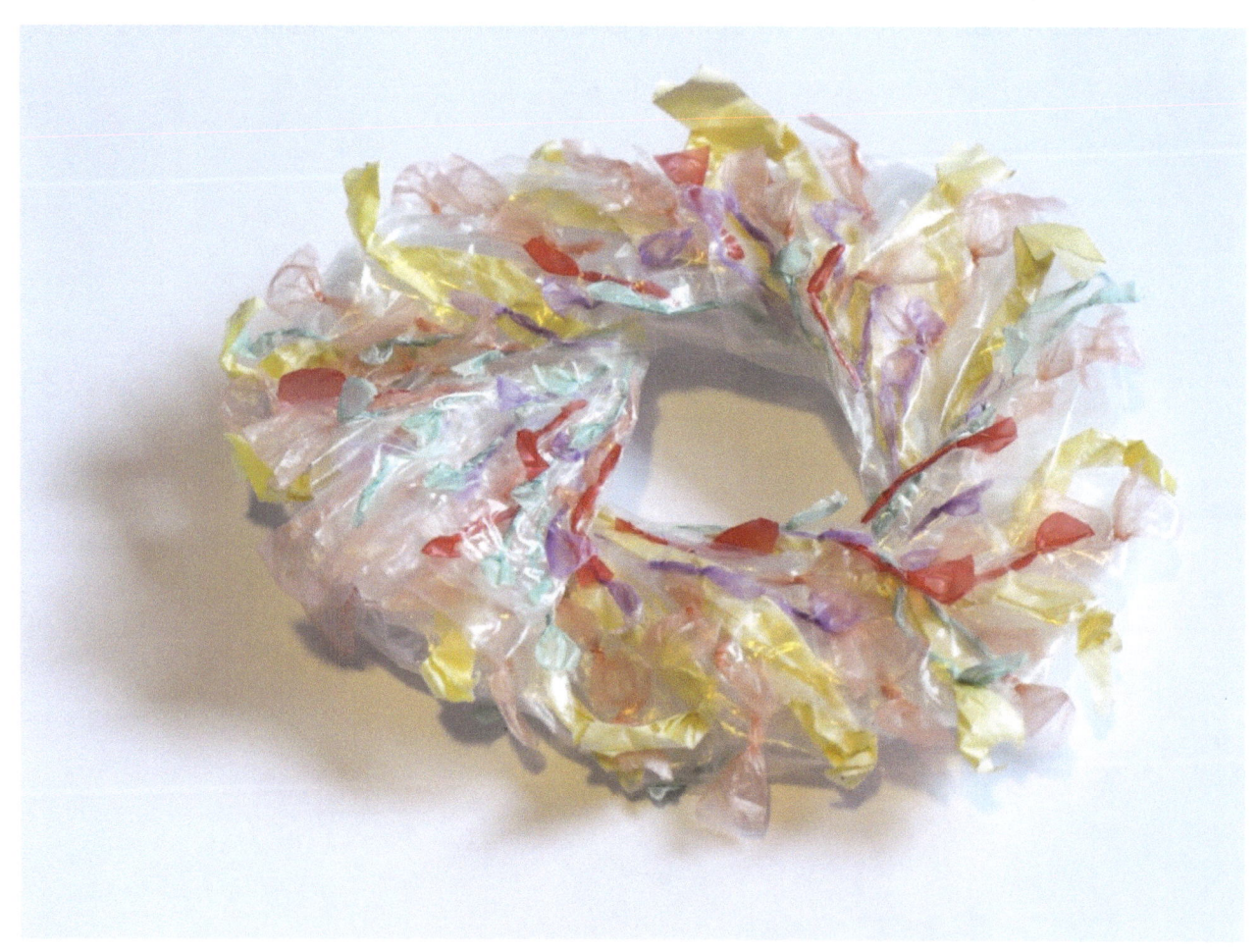

מערבולת

שחרור

גלי מדריכת הטאי-צ׳י שלי מדייקת במילים כמו בתנועות. "בעשר - עשרים השנים הראשונות של האימון בטאי-צ׳י מטרתנו לשחרר". להרפות כתפיים, ידיים... משתעשעת במילים מרפה - מרפא. הגוף נע מעצמו ברצף. הנפש שורה בשלווה ומתמלאת באנרגיה.

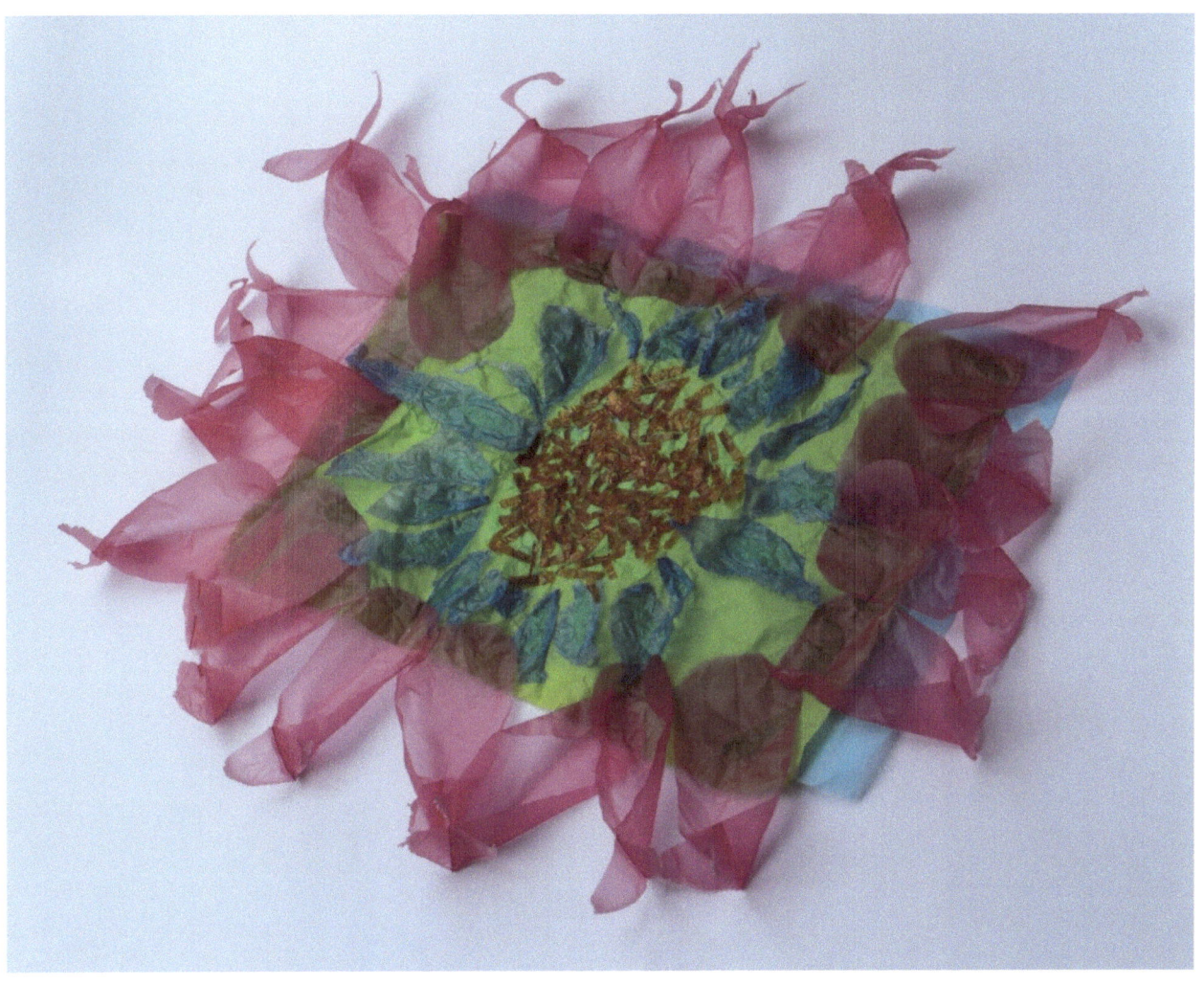

להקת דגים

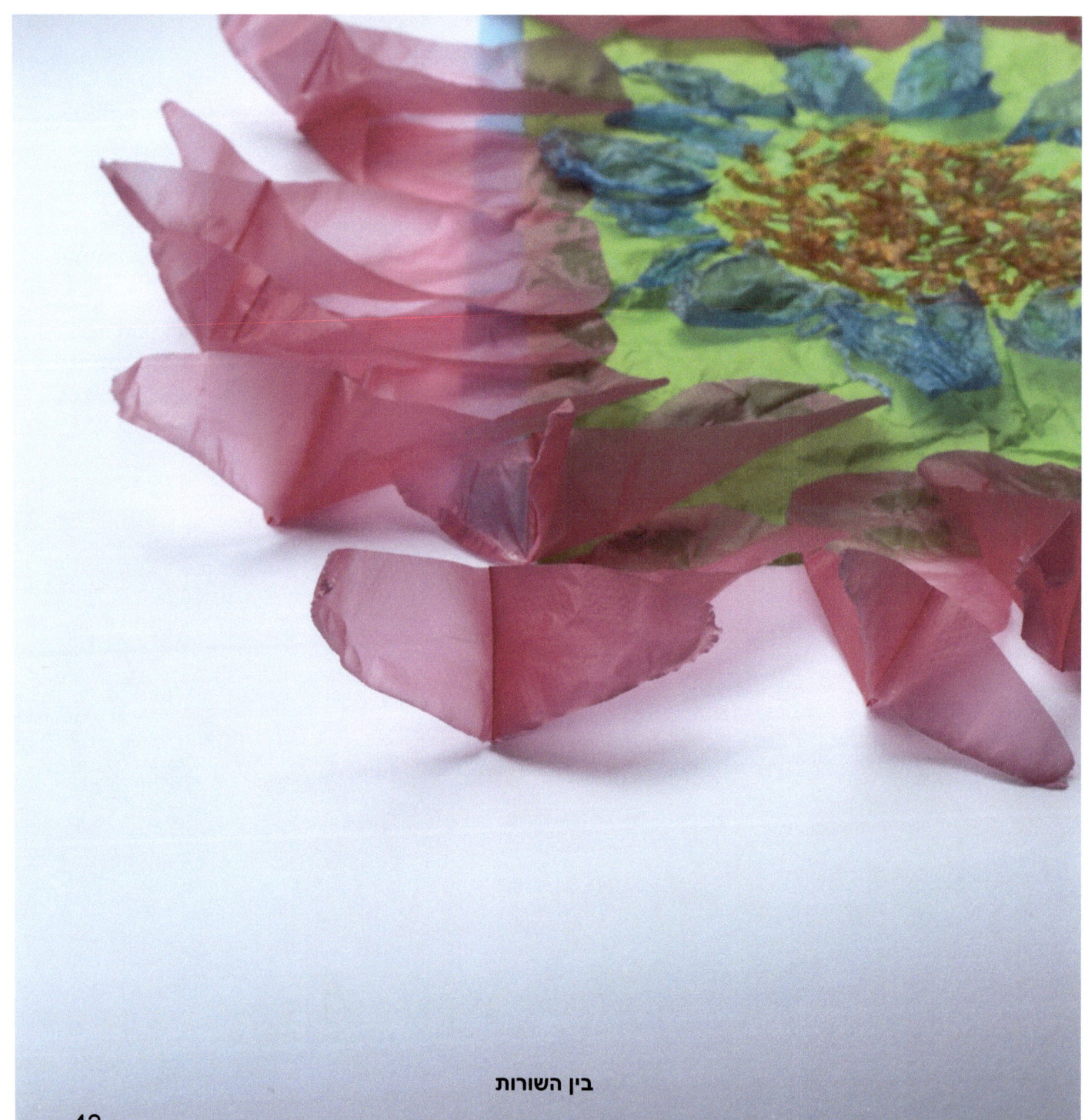

בין השורות

ללמוד לחייך

כששמעתי: "לחייך" באימון הראשון, חייכתי בהפתעה. כל כך הרבה מורים היו לי עד כה, וזו הראשונה שמבקשת ממני תוך כדי לימוד - לחייך.

בוודאי קל יותר לקלוט בחיוך. הלב מתרחב, נפתח חלון הזדמנויות להתמודד עם לימוד מתסכל. מסתבר שכאשר מחייכים, קל יותר לנשום.

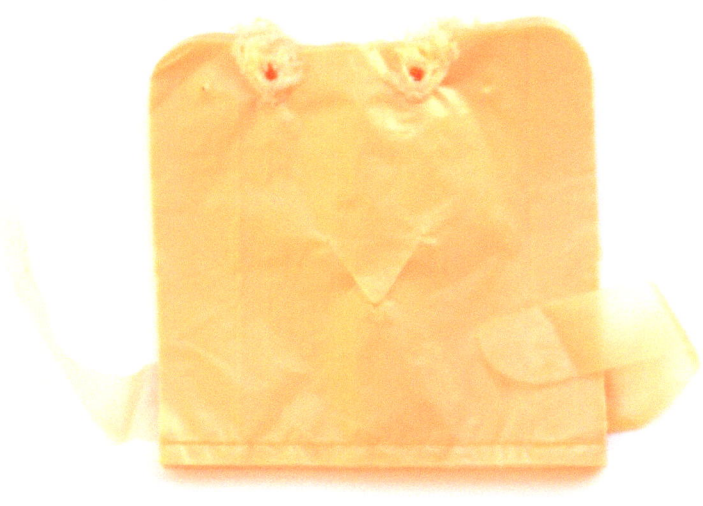

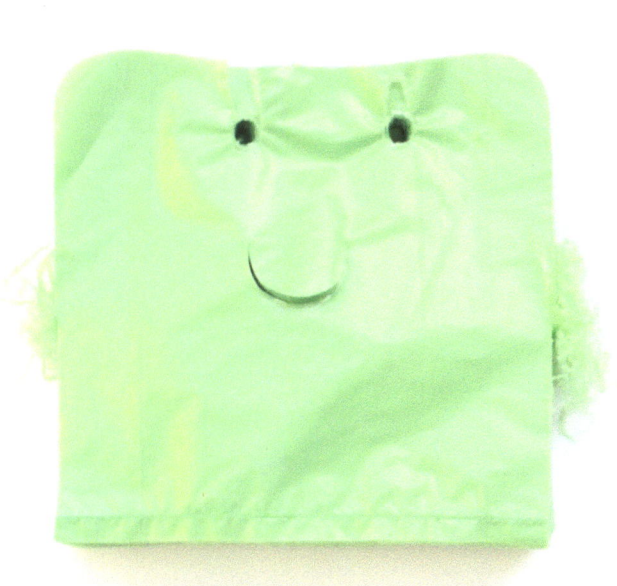

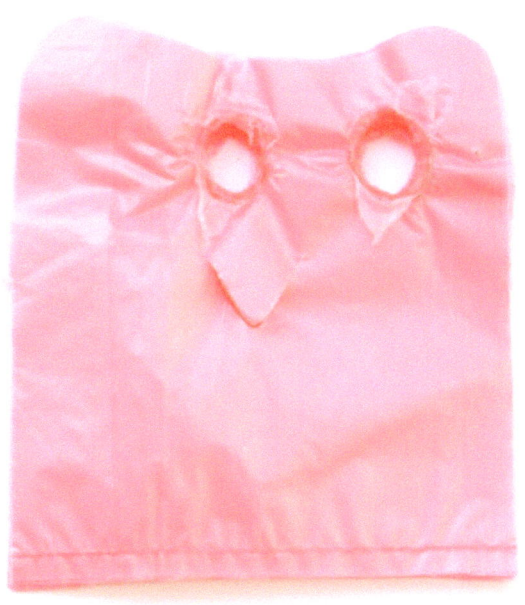

מקהלה וואקלית

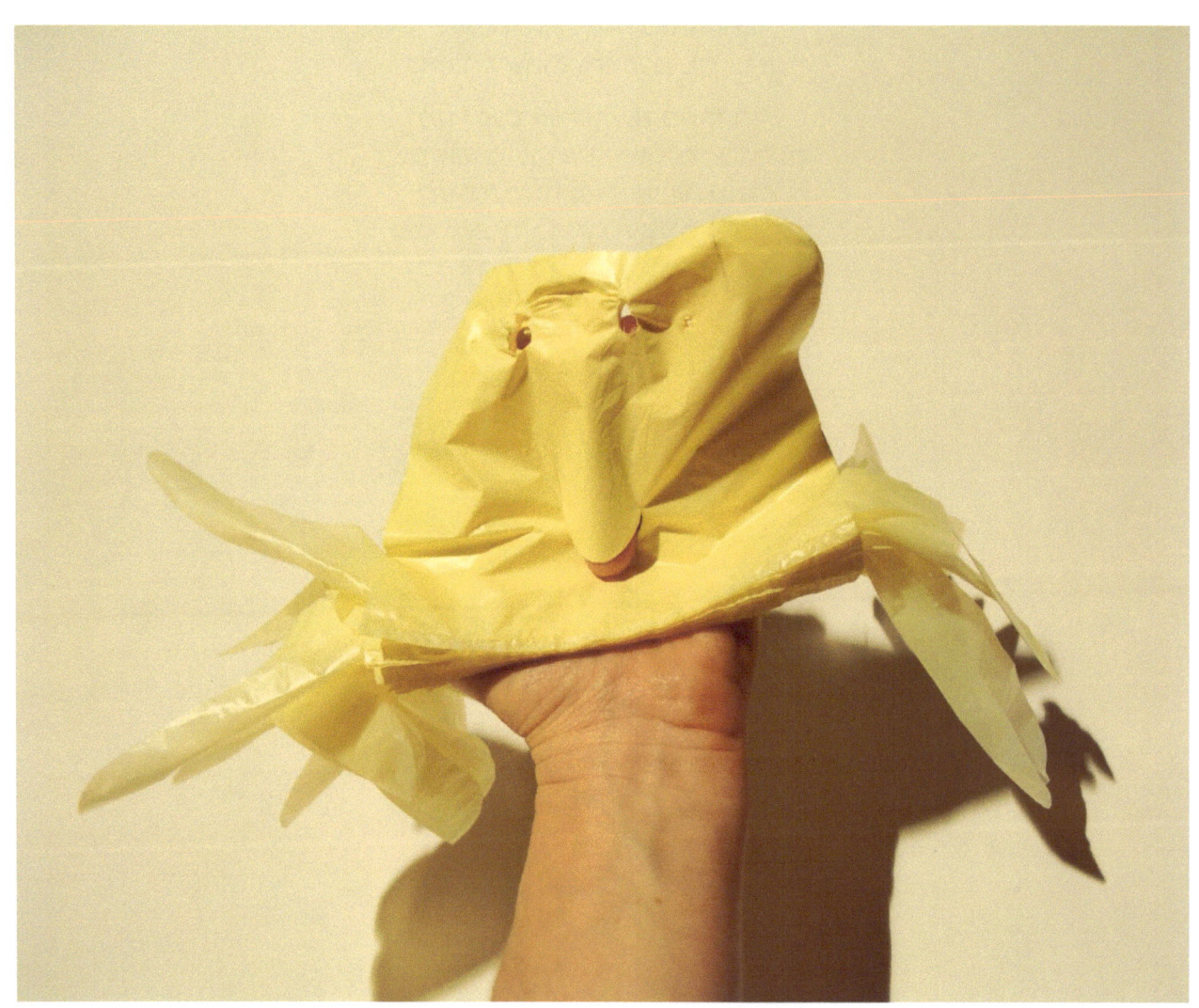

משחק

גילוי חדש

"עורף ארוך, קודקוד תלוי,
כאילו מישהו אוחז בכם מלמעלה."

מידי פעם אני שומעת משהו חדש במשפט מוכר. מידי פעם אני מבחינה בתנועה שונה משלי ועולה שאלה. מתאמנת כל כך הרבה שנים וממשיכה ללמוד. אין סוף טעויות ואין סוף הזדמנויות לתקן.

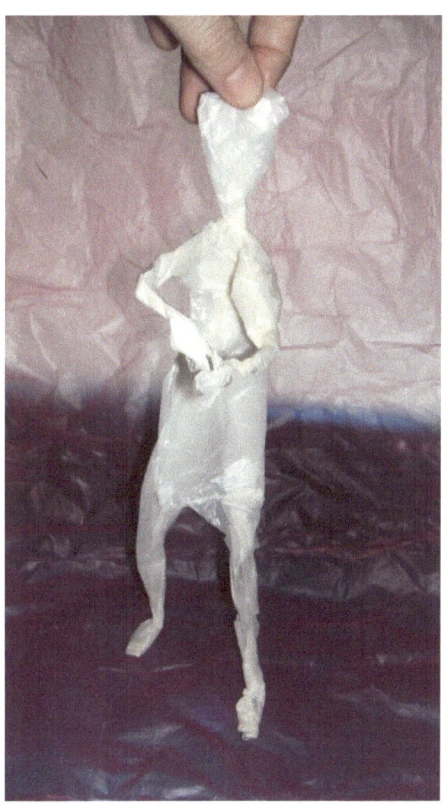

זקופה. מריונטה? השגחה עליונה?

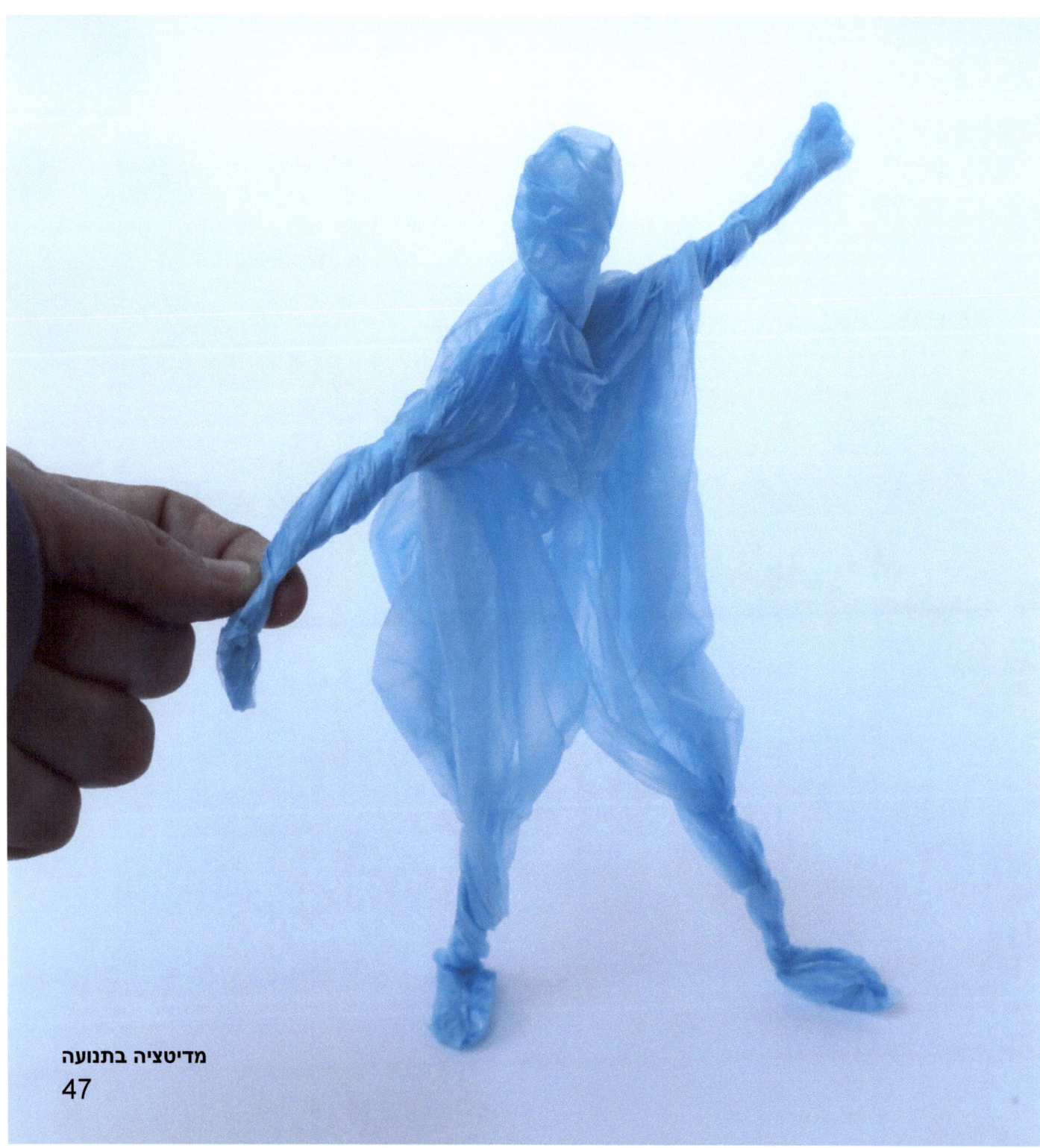

מדיטציה בתנועה

לימוד מתמשך

״הסיבוב קורה תוך כדי. תעשו עוד פעם. כל אחד שיחשוב על דברים שרצה לסדר. לעשות ולבדוק. אחד: לבטן שלו ולפנים שלו. שתיים, שלוש: המשקל על רגל ימין, להאסף. ארבע: רגל שמאל קדימה. חמש: לסובב עקב. אחת... שתיים: לתת את המכה כעת. שלוש: לשמור על הבטן עם היד, לסגור את האצבעות. ארבע: רגל ימין ימינה, וחמש: שמאל עקב אחורה, ברכיים... להיות נינוחים. עוד פעם אחת.״

ממי אני בוחרת ללמוד?
ממי אני רוצה משוב על כתב היד?
מה אני מבקשת לשמוע?

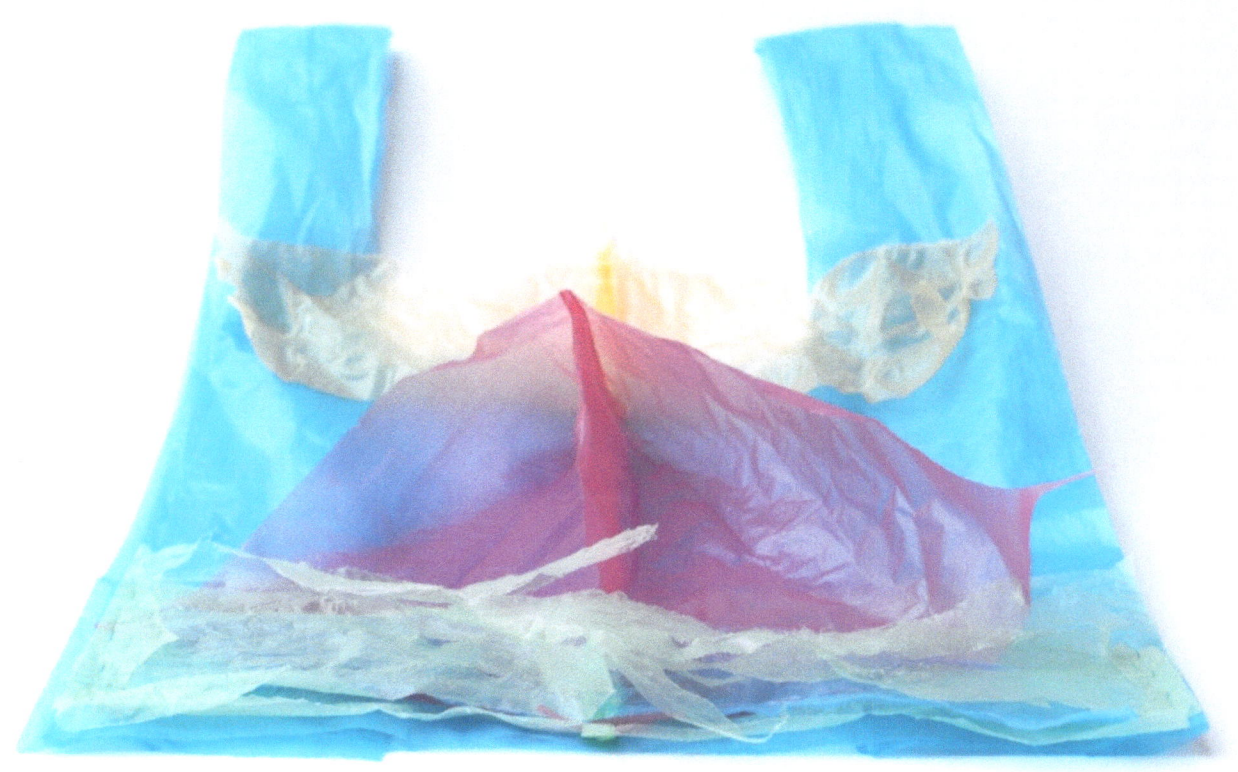

שוטי ספינתי

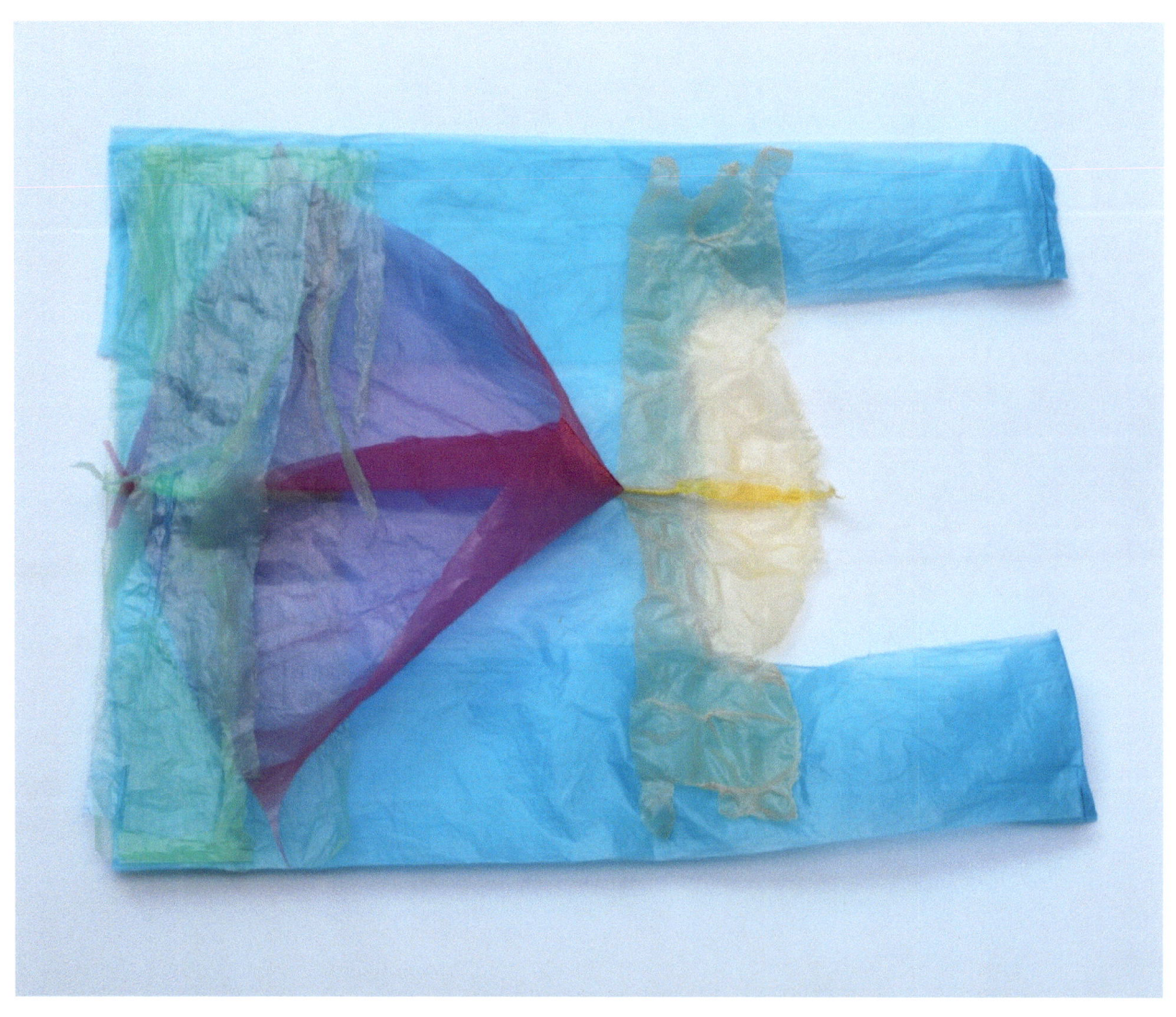

מבט ממעוף הציפור

פרק 3

המקום שלי

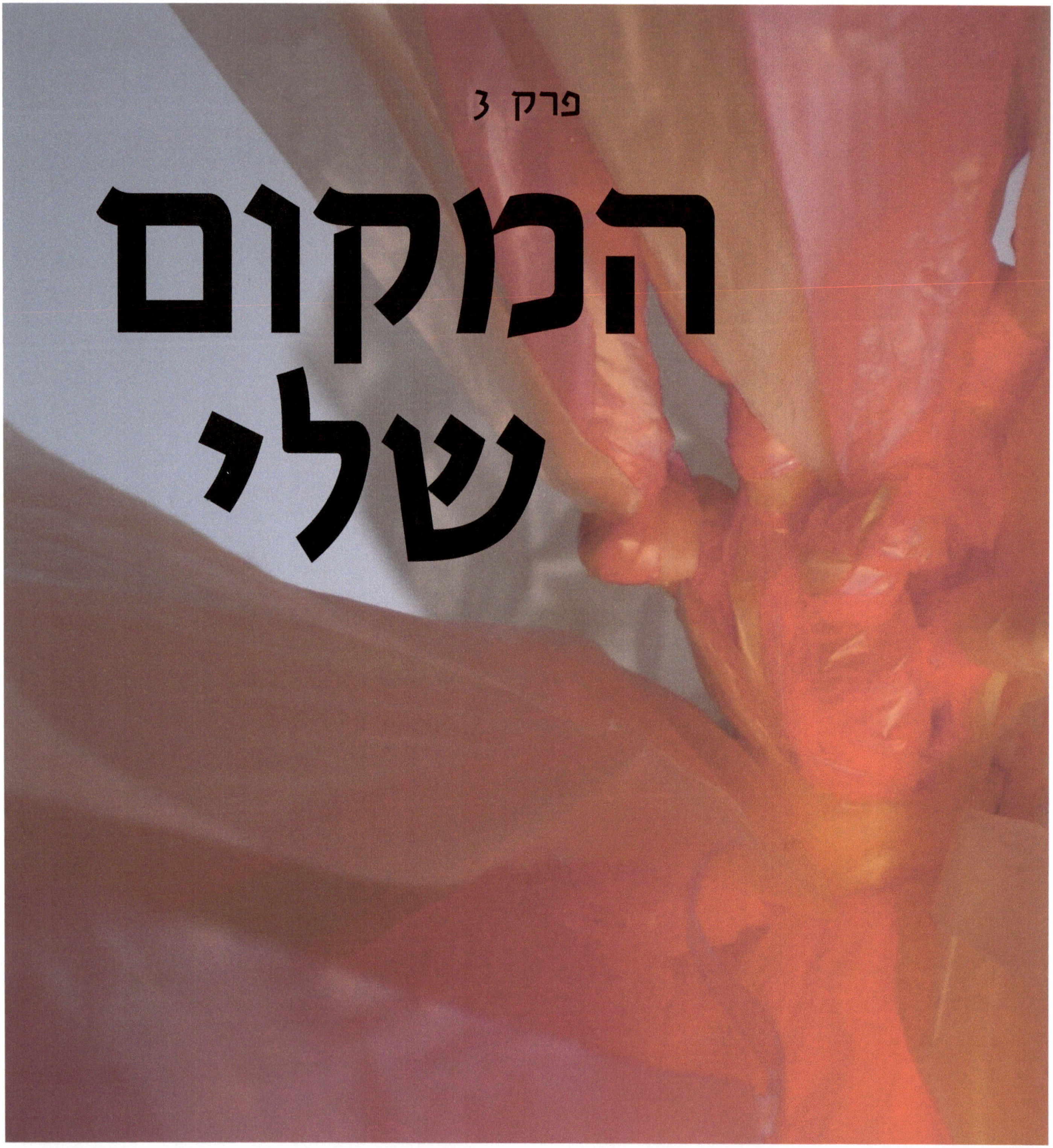

השתייכות

הקבוצה נעה יחד בקצב של המוביל. אני שואפת לדייק ולנוע לפי העקרונות. אחרי שעה וחצי של אימון מוחאים כפיים ומתפזרים. פורמת את ההשתלבות וחוזרת לעצמי ולשגרה. האימונים הקבועים ושיתוף הפעולה השקט מגשרים על הפערים והזרות.

היכן בחיי הפרטיים אני מתאימה את עצמי לקצב של אחרים? מתי אני צריכה שיתאימו לקצב שלי? לאן ובאיזה מחיר אני שואפת להשתייך?

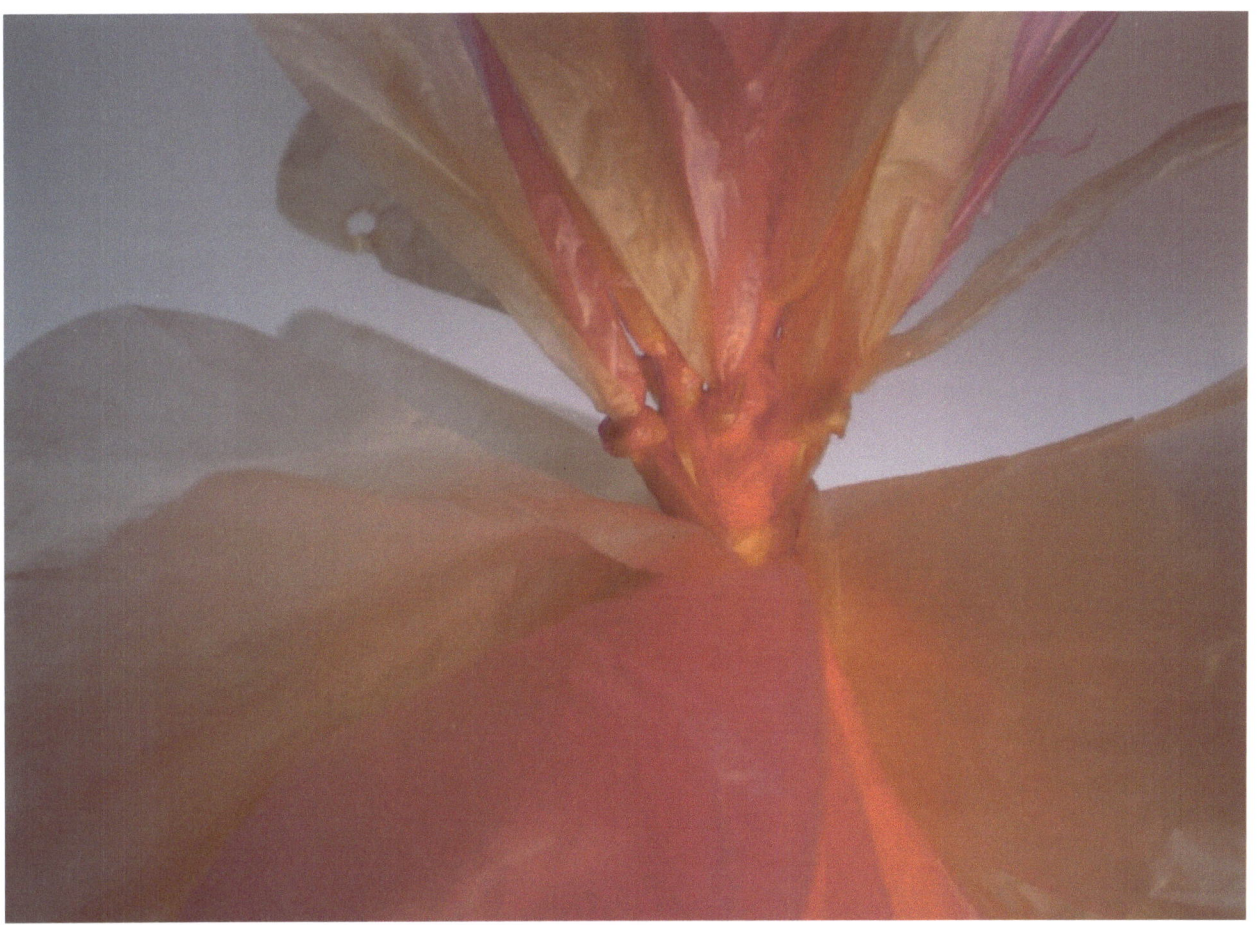

התקשרות

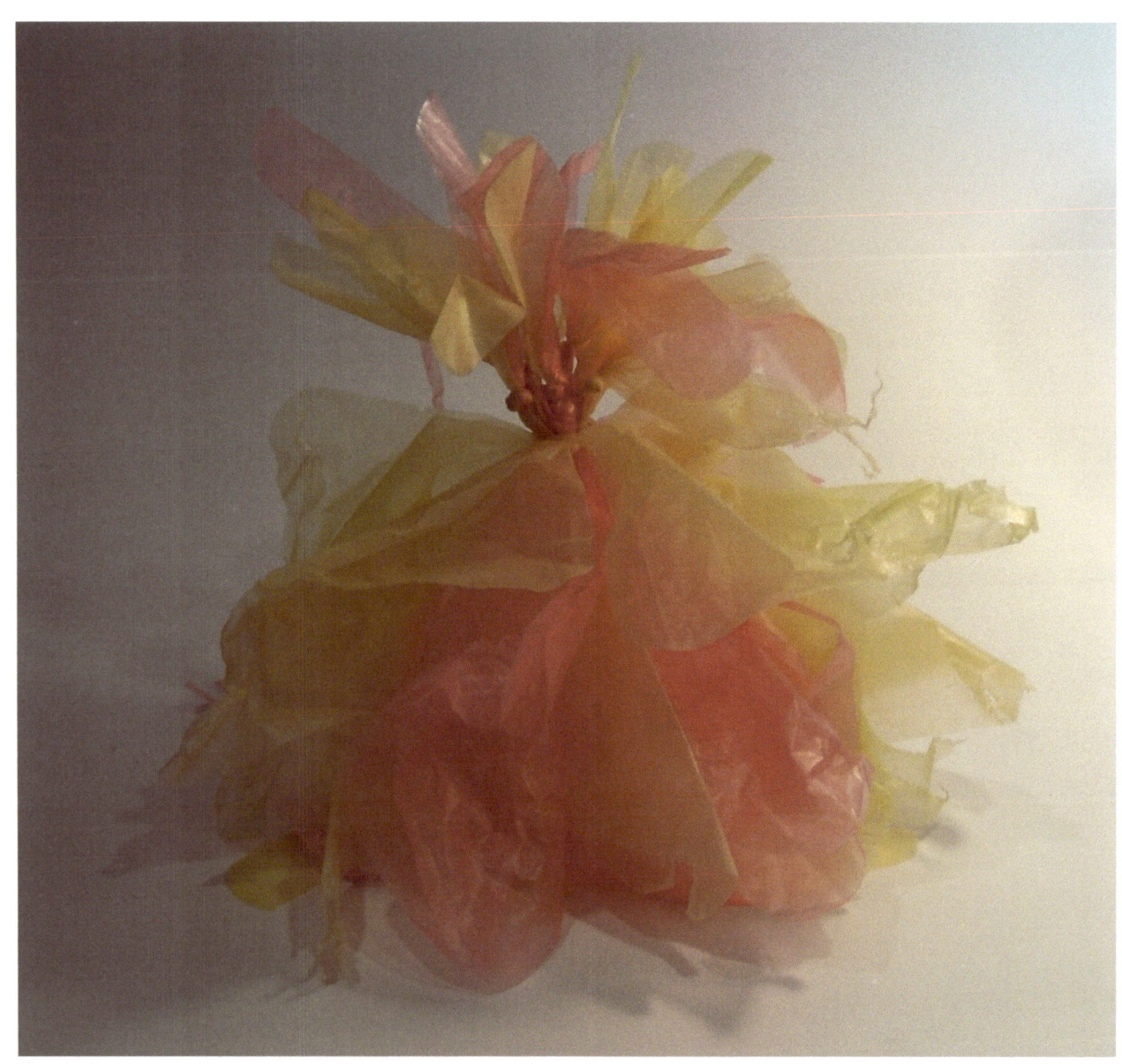

ריקוד

השוואות

מרימה ספר מהעגלה ובוחנת את תווית הקיטלוג שלו. לוחשת כשם חיבה את האותיות הראשונות של שם המחבר: "וינ..." ספר של ויניקוט האהוב עלי. מבטי עוקב אחר תוויות הספרים על המדפים. שיר האלף-בית מתנגן והמספרים עולים עד שאני מאתרת את המיקום המדוייק שלו.

יד אחת מרווחת לספר שבחיקי נתיב בין שכניו למדף. יד שניה דוחקת ומיישרת אותו בעדינות במקומו. תחושת סיפוק רגעית מרוממת את רוחי. בזכותי, הספר זמין כעת לקורא הבא!

מרימה את הספר הבא, שוב משווה בין תוויות הספרים ותוהה: איפה בחיי אני עושה השוואות? מתי הן רלוונטיות? סמוך למי לעמוד - תומכת ונתמכת בהדדיות?

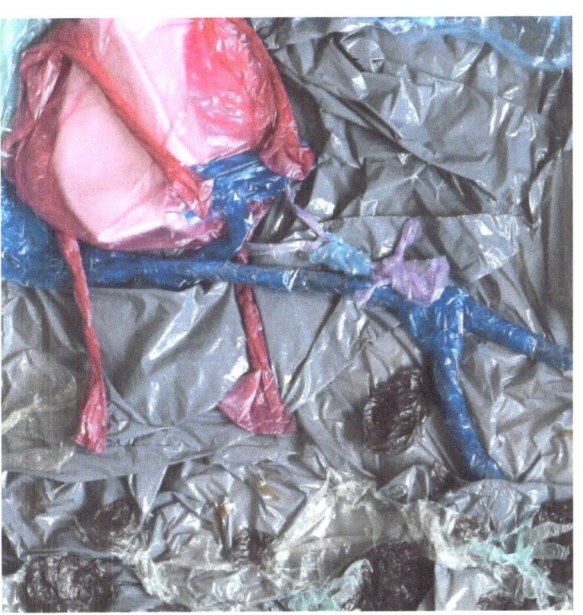

יחד

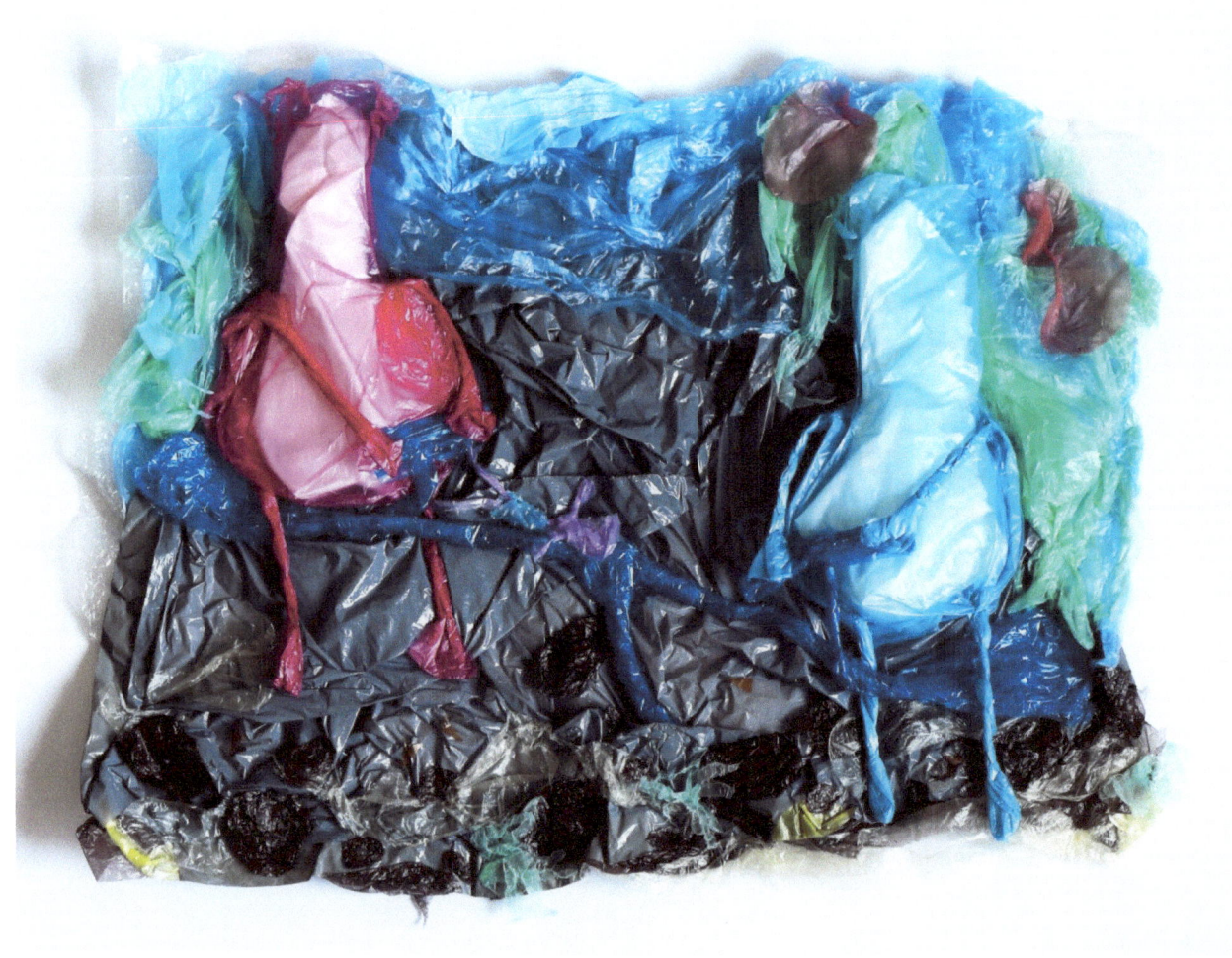

על הנדנדה

מקומו של הספר

אהבתי למסור לספרניות ספרים שכריכתם נקרעה ל״חבישה״. לעיתים התעורר בי כעס כשמצאתי ספר אבוד שנזנח על מדף לא לו. איך אפשר לדחוף לרווח אקראי ספר שלפני רגע חיפשת ועניין אותך? פסיעה אחורה או הסטת מבט ומאוחר מדי להתחרט. לך תמצא אותו, מוסווה בין מאות הכריכות הצבעוניות.

כשהחזרתי את הספר למקומו, הרגשתי שאני במקומי.

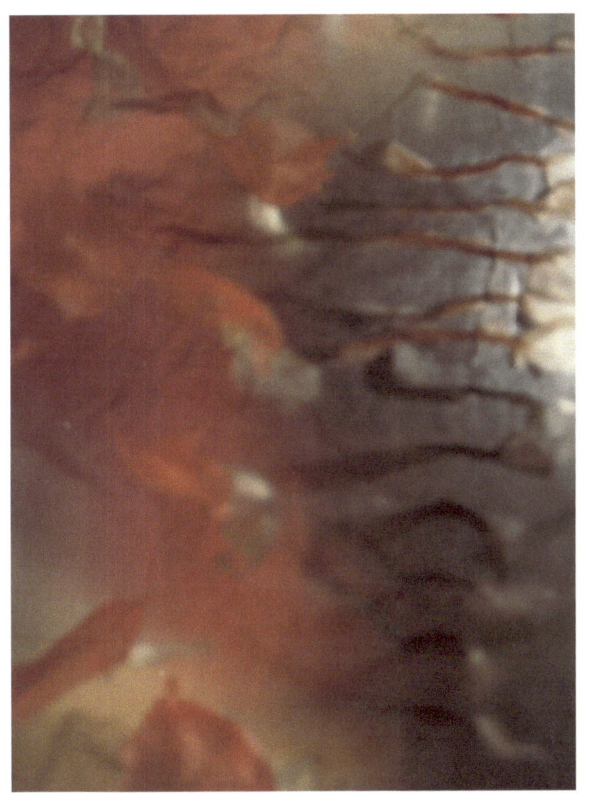

תוהו ובוהו

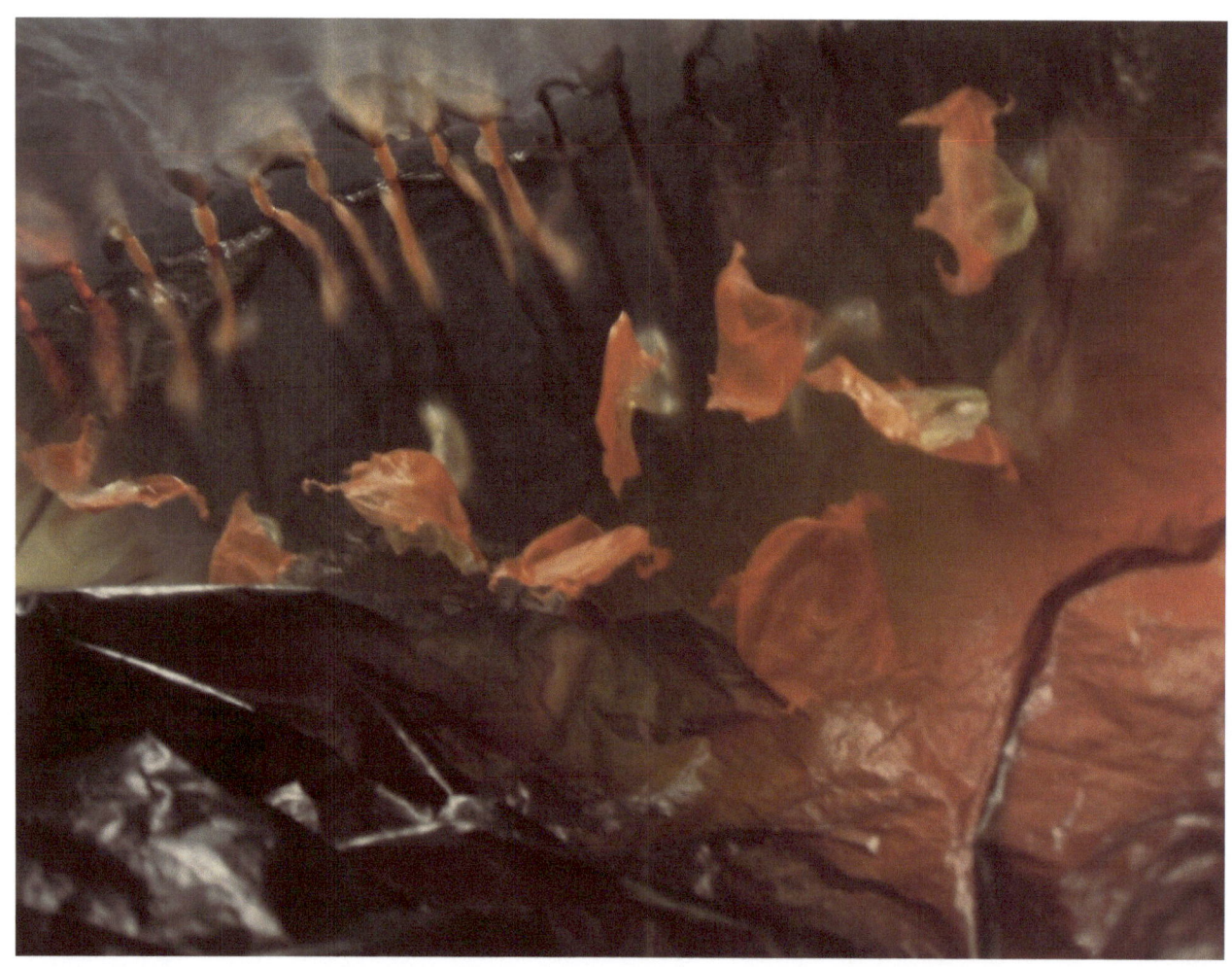

אש

חופש

אני גוררת שולחנות לפעילות הפנאי במחלקת תשושי הנפש. חלק מהדיירים צופים בי פאסיביים וחלק מנמנמים. באולם מרפרף פרפר ומבטי עוקב אחריו. כשהוא נח לרגע על הרצפה, אני מזנקת ומספיקה לאחוז בעדינות בכנפיו הצמודות. "תראו, פרפר!"

ממהרת להכניס אותו לקופסת פלסטיק שקופה. בפעילות הבוקר הם מתבוננים בו, ואני מספרת על גלגוליהם ותוחלת חייהם של פרפרים...

ברקע נשמעות צרחות של דיירת בחדרה. לאולם פורצת קבוצת אנשי צוות האוחזים בדיירת הסוערת. הם ממתינים איתה ליד עמדת האחות לאמבולנס שיקח אותה לאשפוז. בינתיים הזריקה משפיעה והיא נרגעת. אני מראה לה את הפרפר בקופסה ומציעה שתלווה אותי למרפסת, לשחרר אותו.

צופות על השדות החרושים מבעד לסורגים. אני מושיטה לה את הקופסה, היא מרימה את המכסה והפרפר מתעופף ונעלם בשמים.

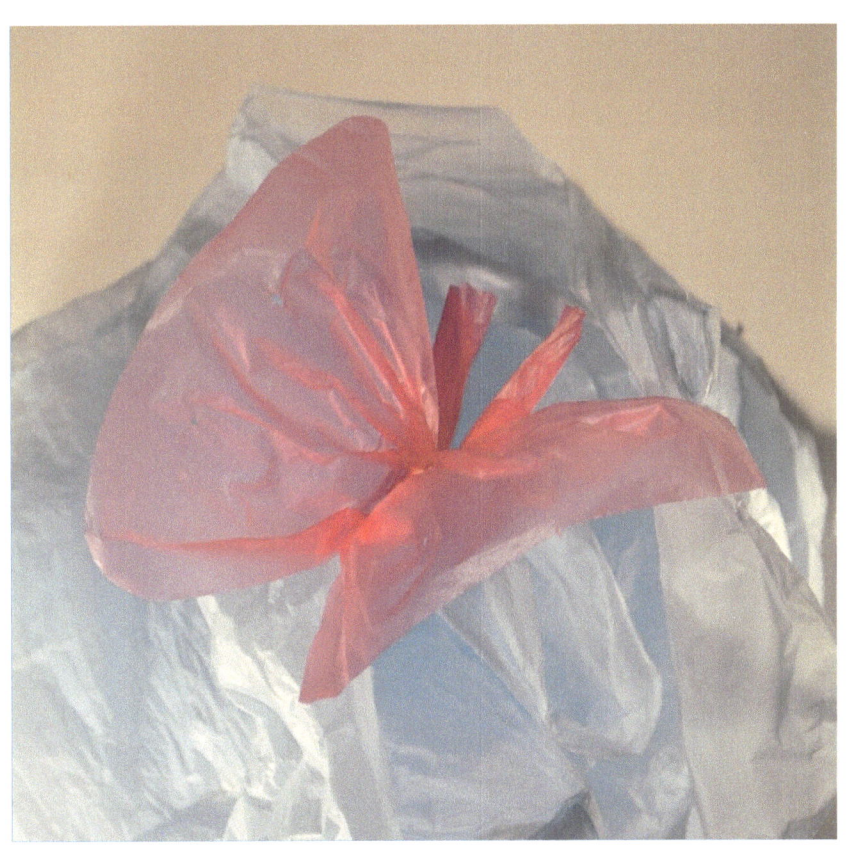

"תראו, פרפר!"

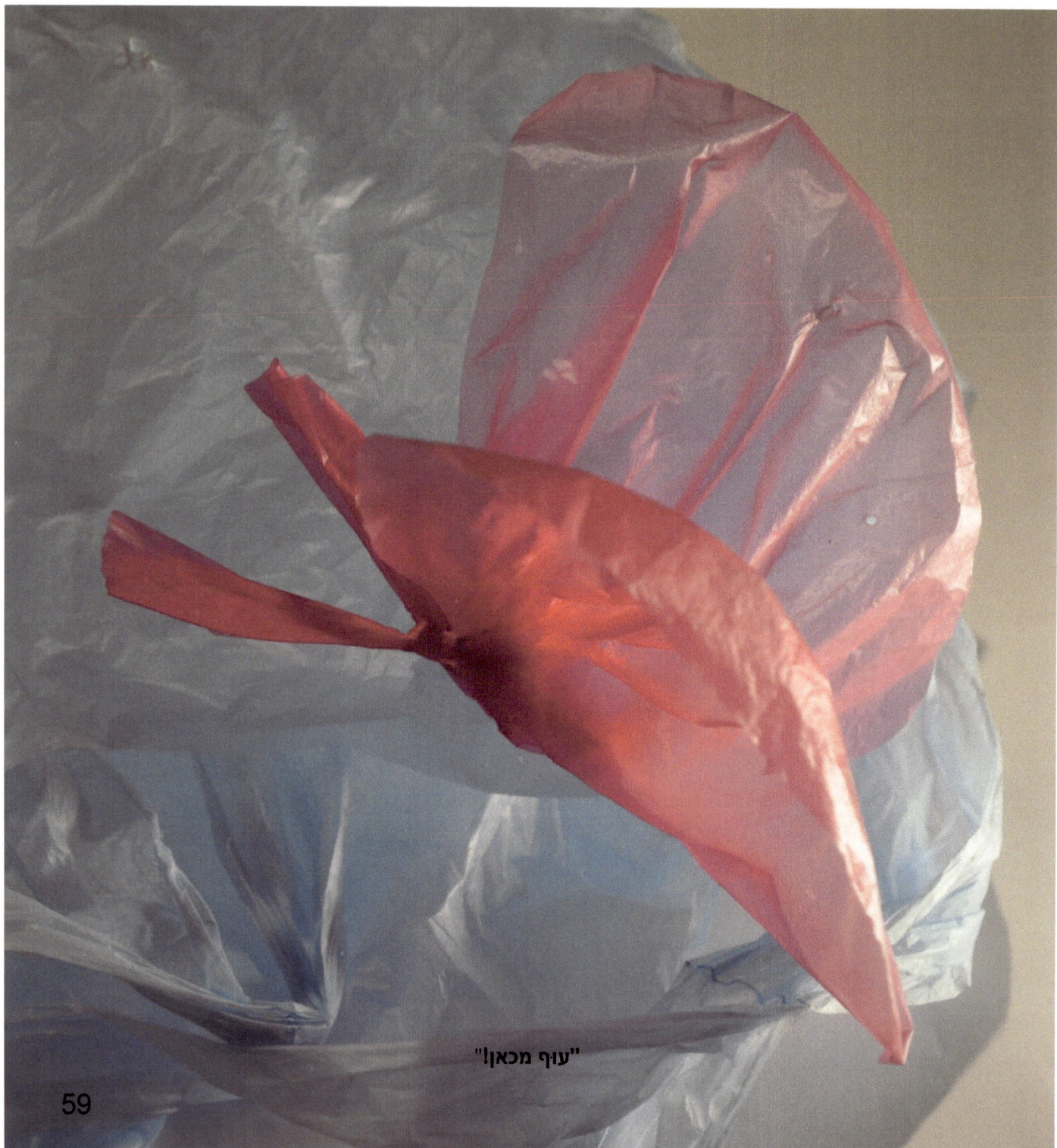

"עוף מכאן"

רפרוף

בעיצומה של שיחה פנימית
מתגלה לעיני אמת קטנה.
רגע, היא עדיין איתי!
מתקרבת לאחוז בה,
בטרם תשכח.
ממהרת לרשום על פתק,
לפני שתחליק לשכחה,
תחזור לתת מודע העיוור.

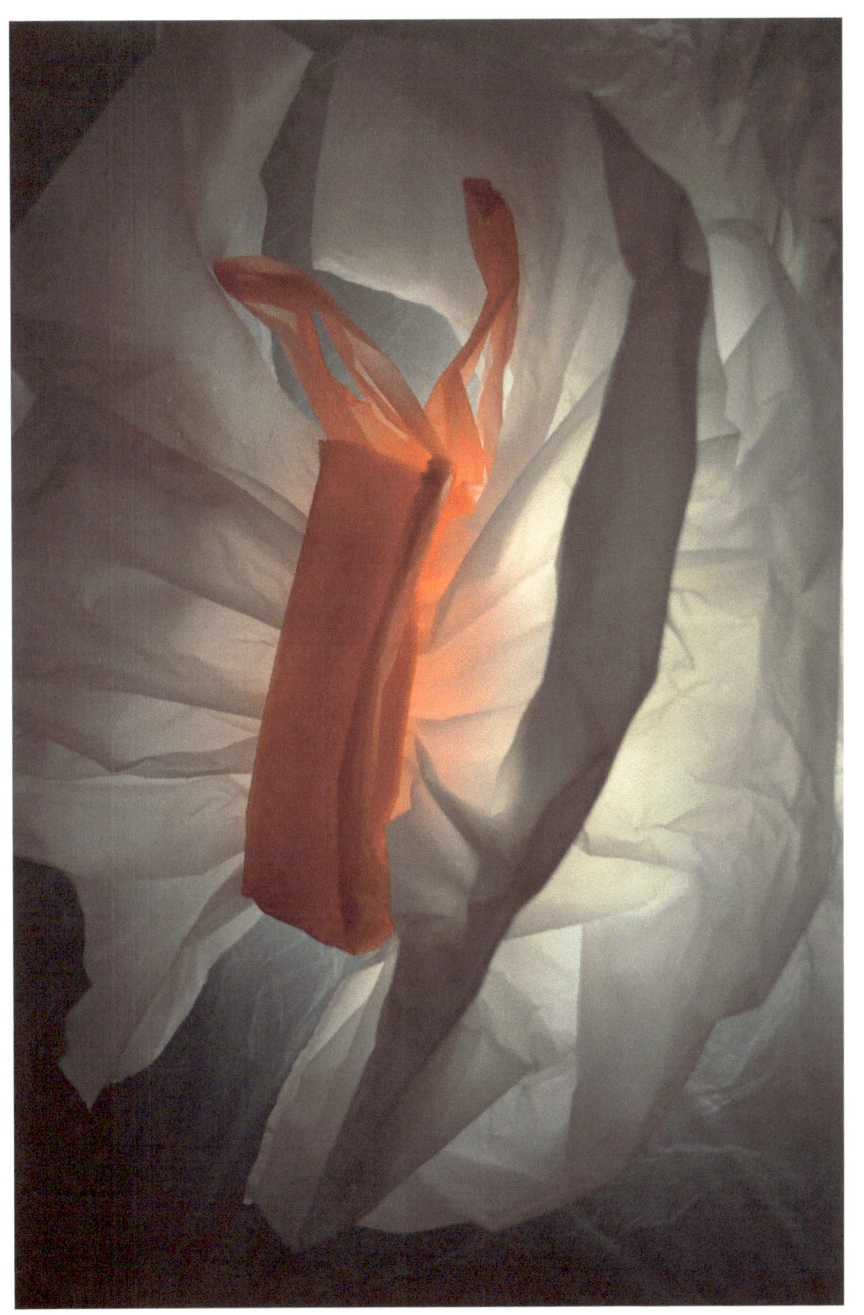

תובנה

חוט מחשבה

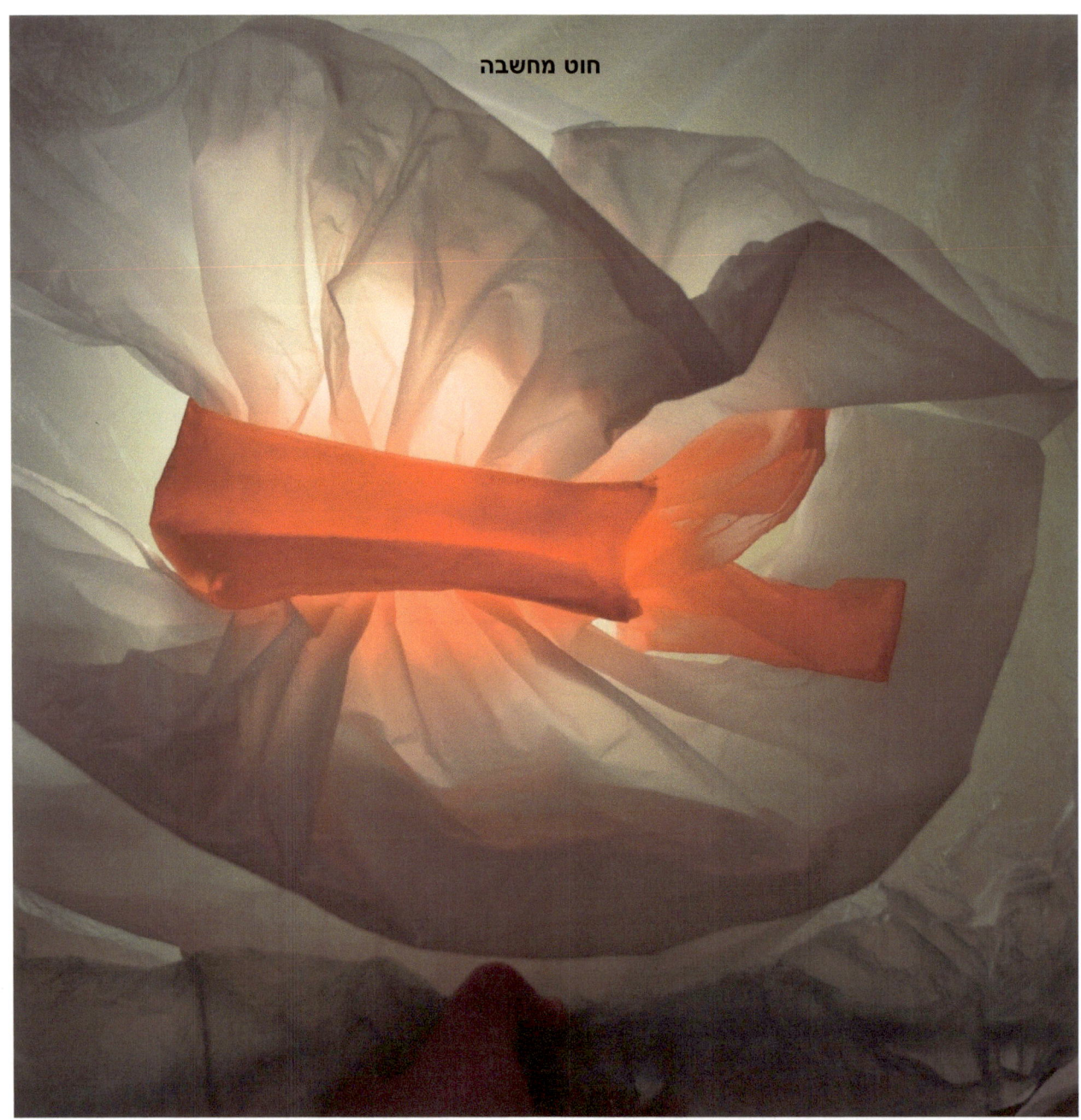

בלון בשמים

צופה מבעד לחלון המטבח בנועם בני המשחק ברחוב. "אמא תראי!" הוא רץ ואוחז בידו בלון הליום קשור בחוט כחול. הבלון מרחף על רקע השמיים הבהירים. לפתע הוא משנה כיוון ומתרחק במהירות עם הרוח. ברח לו! נצבט לי הלב. אוי, תרגעי, זה רק בלון!

נועם עוקב אחרי מבטי. הבלון הולך וקטן בשמיים הענקיים ואז עוצר! נדמה שהוא מתקרב, כאילו נמשך חזרה... הבלון גדל עם ההבנה - הילד היתל בי! מגלגל בידיו חוט דייג שקוף, מביט בי וצוחק באושר!

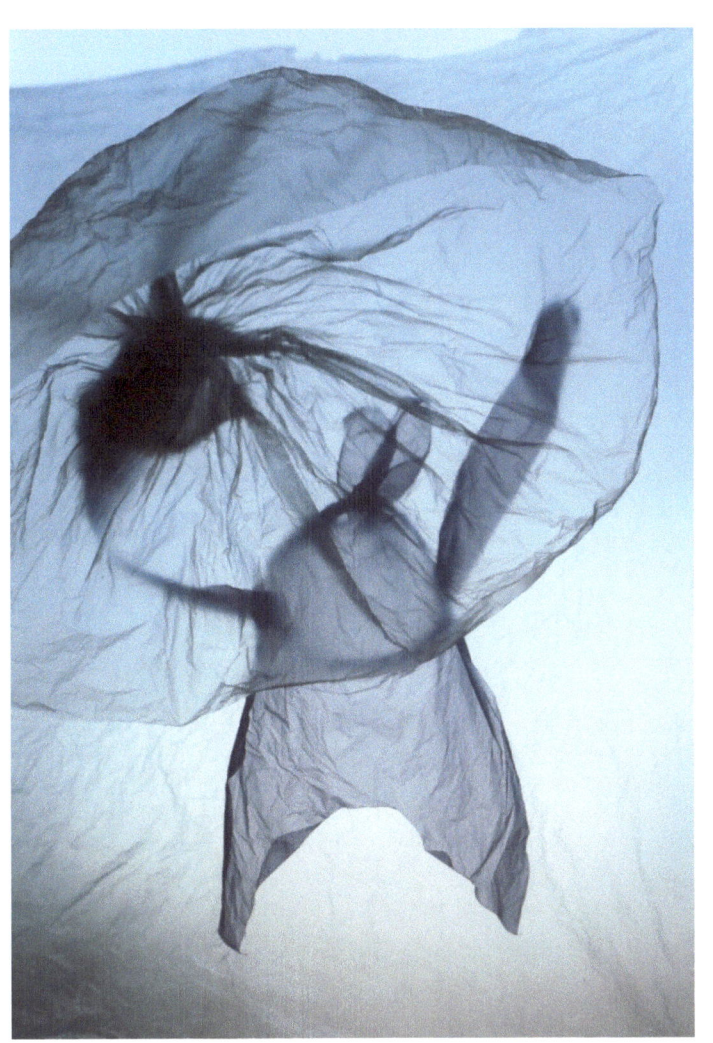

רוח

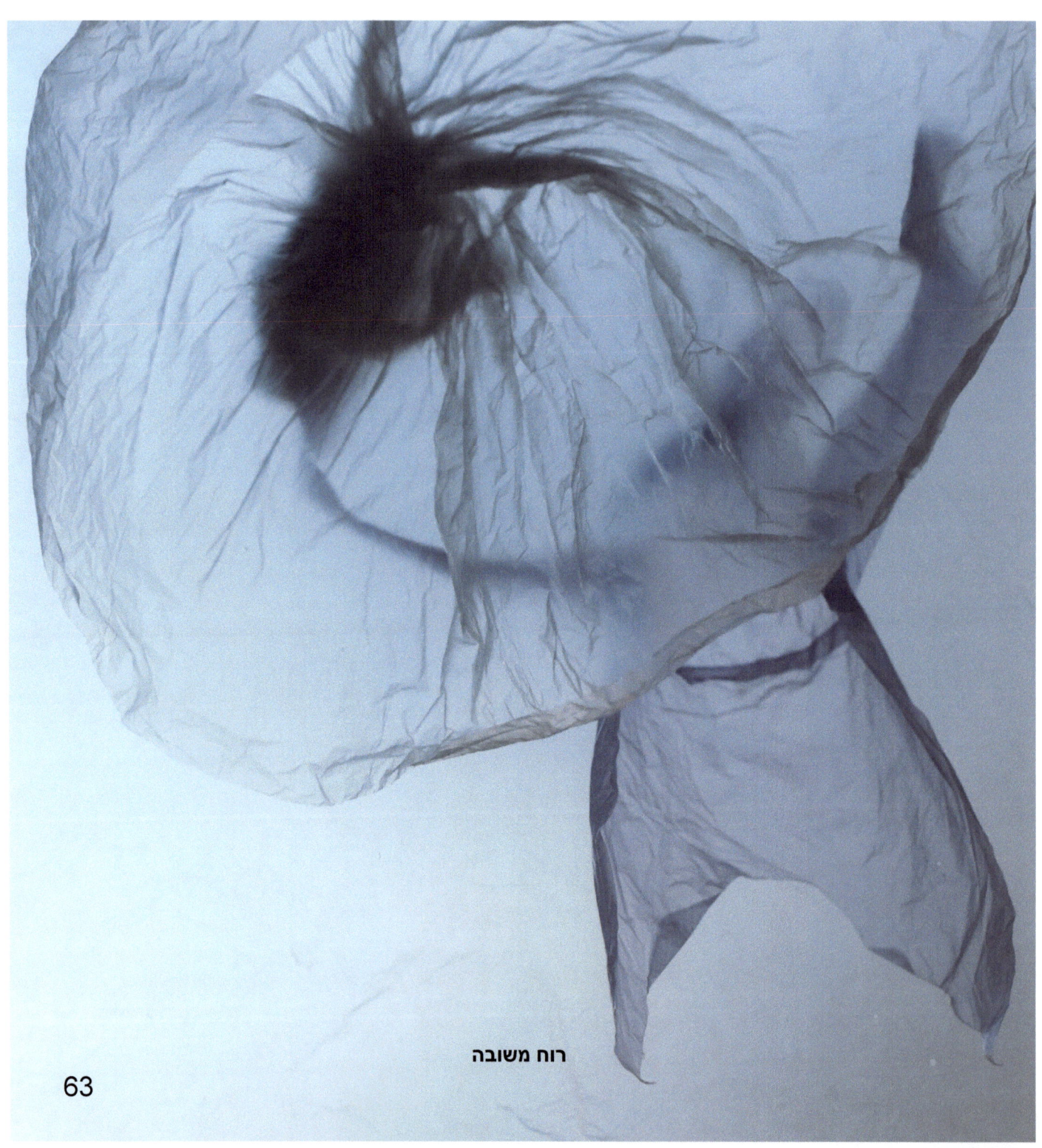

רוח משובה

המתנה

כבר מתחיל להחשיך ואנחנו עדיין כאן. מחכה שיחזירו אותי הביתה. ידעתי שאתעכב עד שיסיימו את כל ענייניהם. למה לא נסעתי לבד? העדפתי טרמפ על פני נהיגה ארוכה לבד.

החשיך. כבר סידרתי הכל. אין עוד מה לעשות מלבד להמתין. רוצה הביתה. חבל שלא הבאתי ספר. כאילו יש לי את כל הזמן שבעולם. המתנה - מתנה. חבל שלא לקחתי לעצמי את הזמן הזה. הייתי לוקחת בדיוק כמה שאני צריכה.

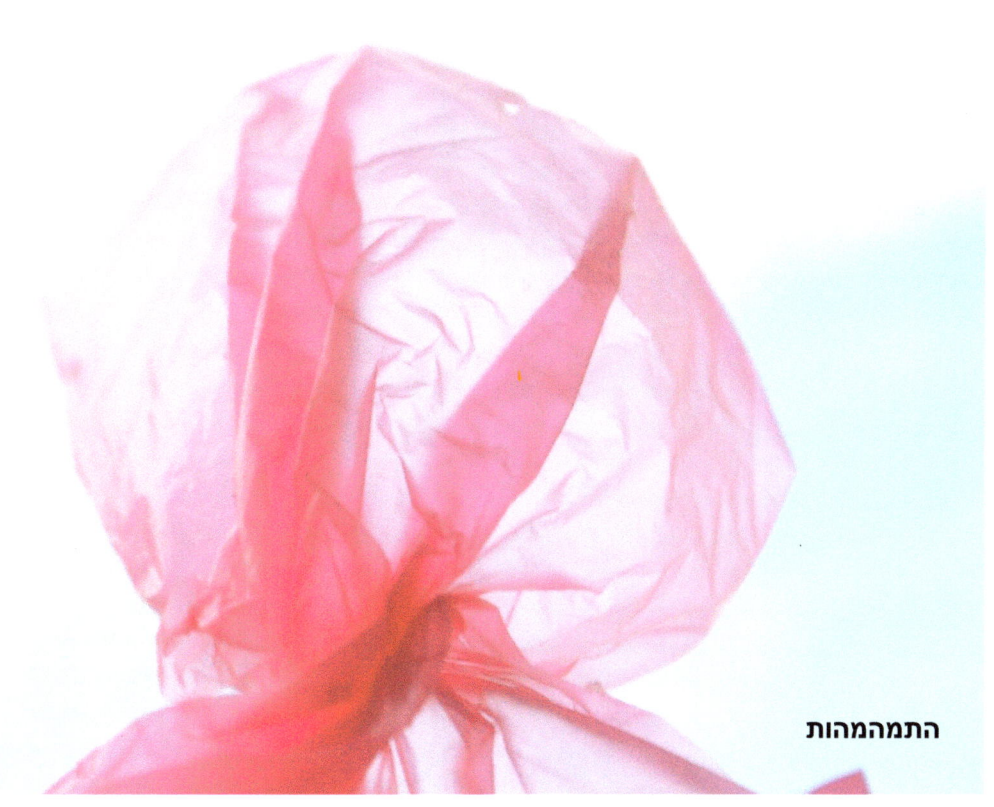

התמהמהות

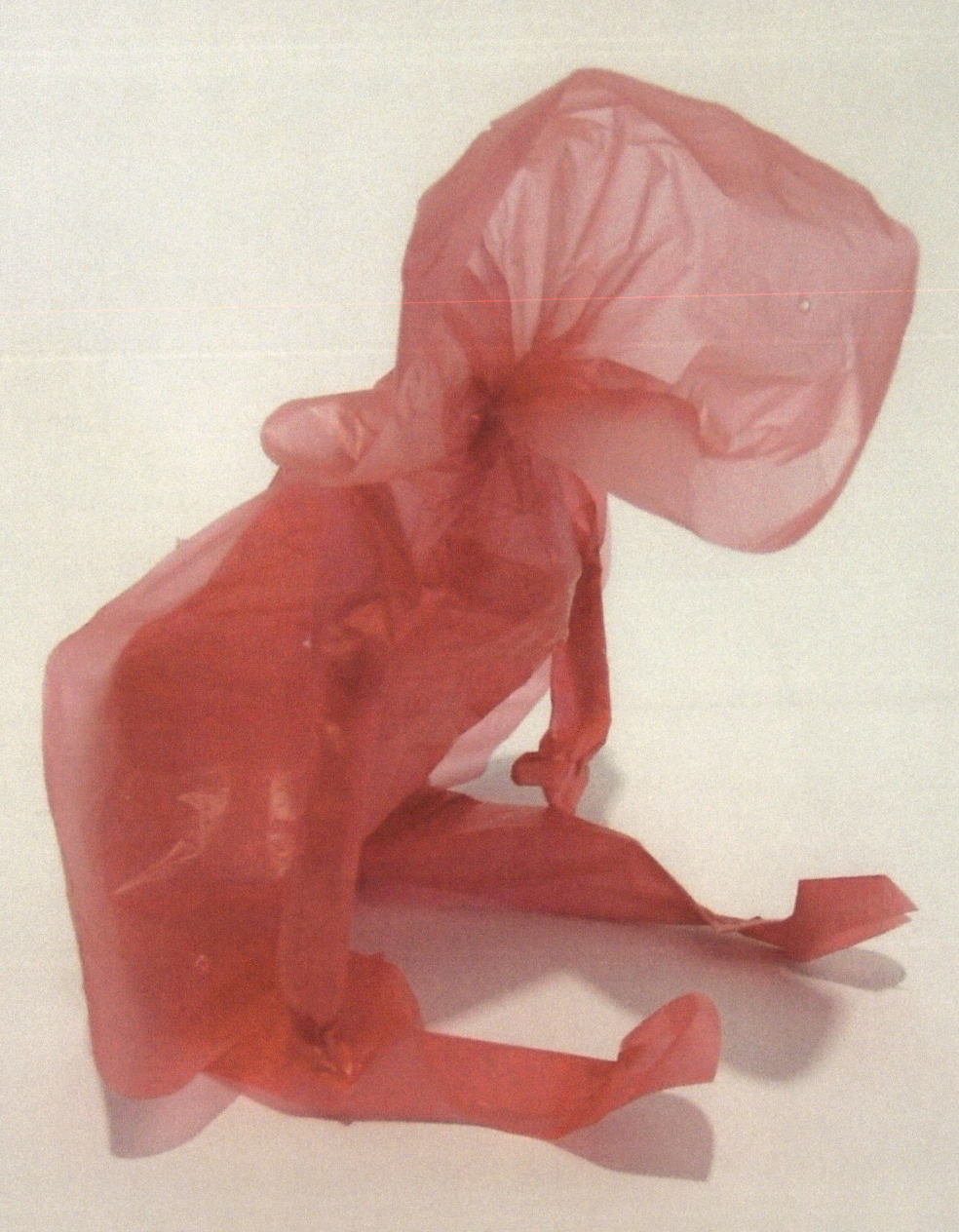

עדיין ממתינה

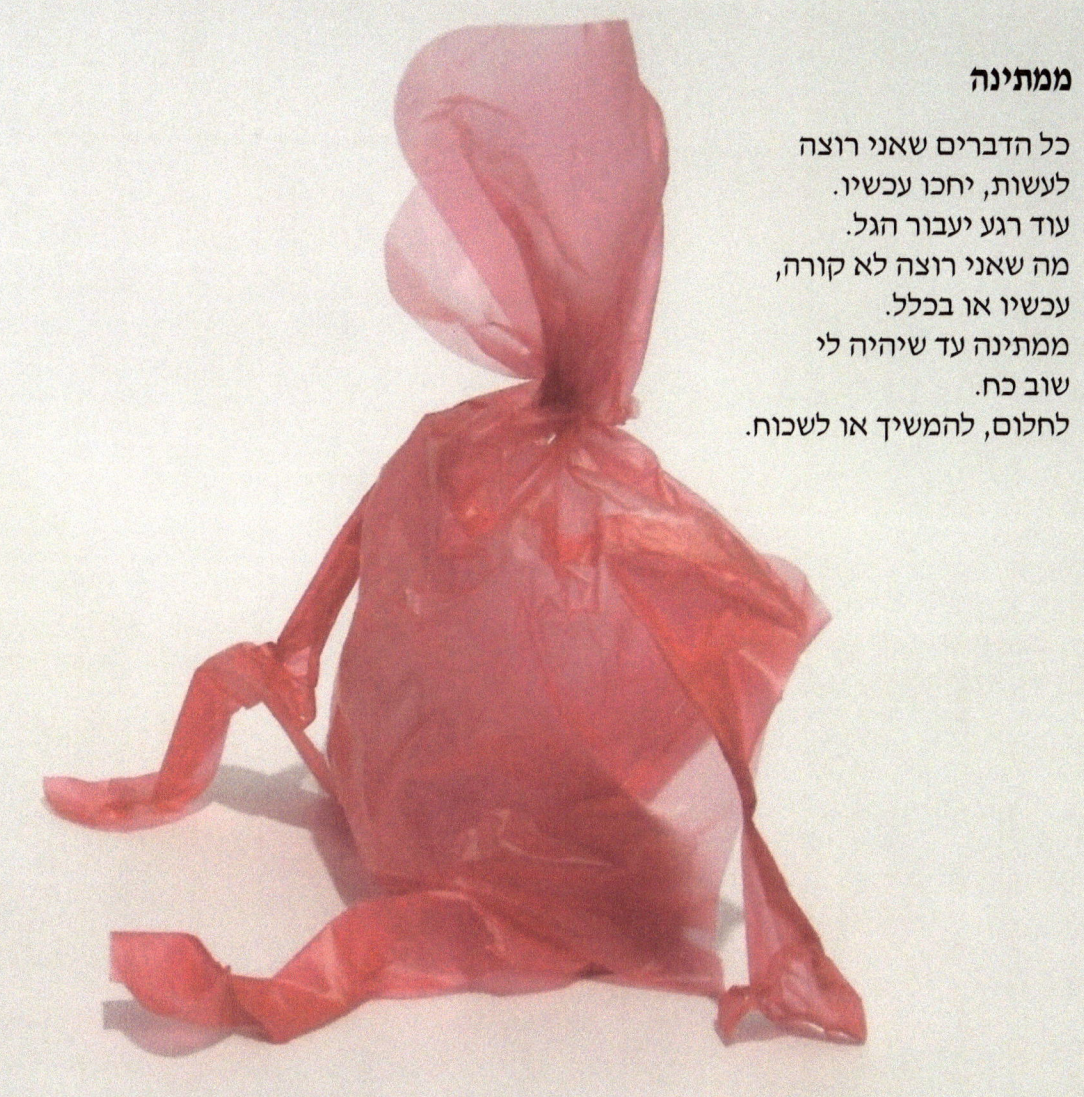

ממתינה

כל הדברים שאני רוצה לעשות, יחכו עכשיו.
עוד רגע יעבור הגל.
מה שאני רוצה לא קורה, עכשיו או בכלל.
ממתינה עד שיהיה לי שוב כח.
לחלום, להמשיך או לשכוח.

ציפייה

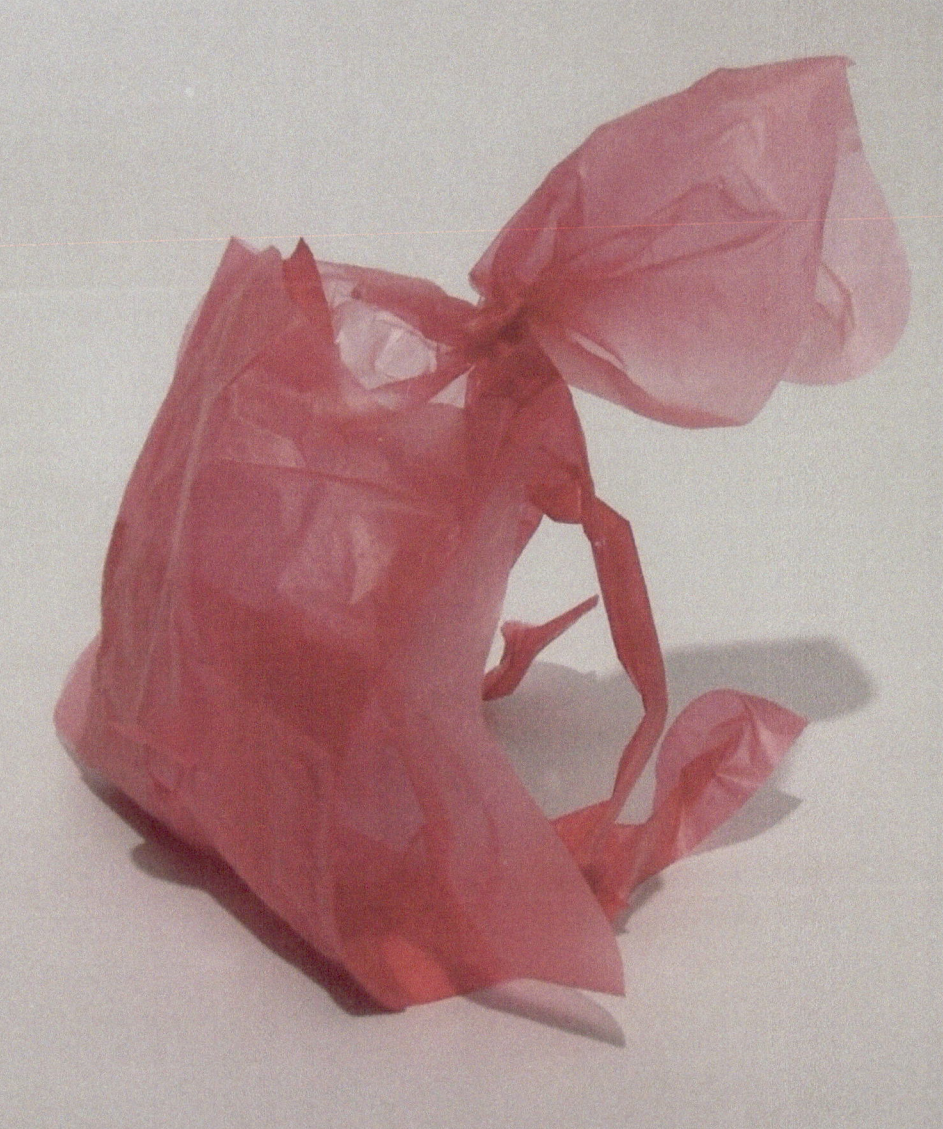

חשבון נפש

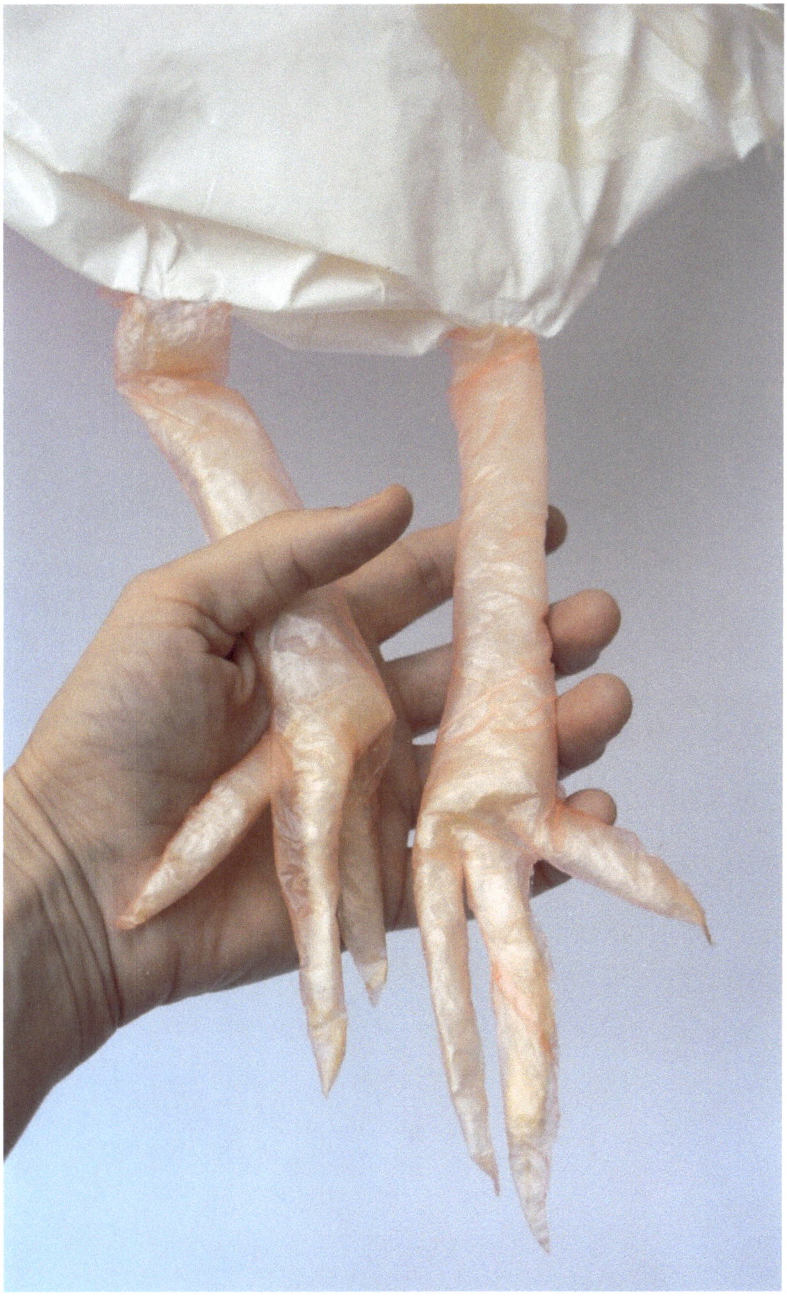

"תעשי ציפורים ותרנגולות"

לפני שנים, כשפיסלתי בספונטניות בקרמיקה, יצאו לי שוב ושוב דגים. מגוון המינים והצורות שלהם כנראה איפשר לי להתגבר על מחסום הביקורת העצמית. לדגים אין 'פרופורציות נכונות'. כשפסלי הדגים לא נמכרו, יעץ לי בעל חנות לדברי אמנות לפסל ציפורים ותרנגולות - "את זה הקהל אוהב".

כעשור מאוחר יותר, בהשראת סרט סטודנטים בו השתתפתי, פיסלתי תרנגולת מניילון.

ביקורת עצמית

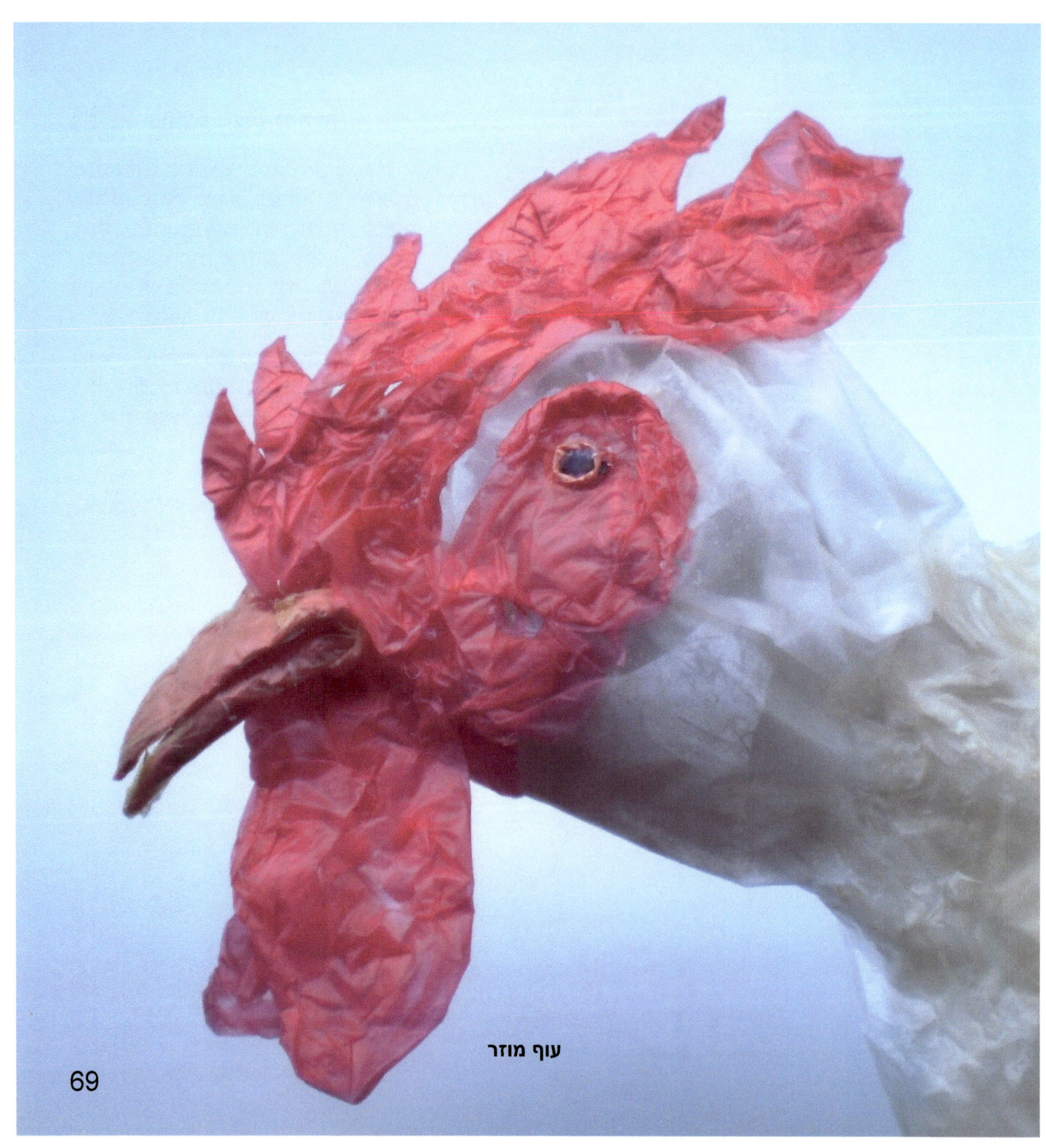

עוף מוזר

מתי אני כותבת שלוש נקודות?

כשנגמרות לי המילים; כשאני ממשיכה לחשוב אבל מפסיקה למלל; במשפט פתוח על משהו לא סגור; כשמשהו סגור ועוד יפתח; כביטוי לתקיעות; אחת, שתיים, שלוש... בקצב, בריקוד פנימי של מחשבות; כשאני מצנזרת את עצמי: "תספרי עד עשר לפני שאת מדברת...".

לוקחת שאיפה עמוקה, נושפת את האוויר באיטיות, מכוונת ומנקדת את הדף בשלוש נקודות בהשלמה - המשפט הזה לא יגמר עכשיו.

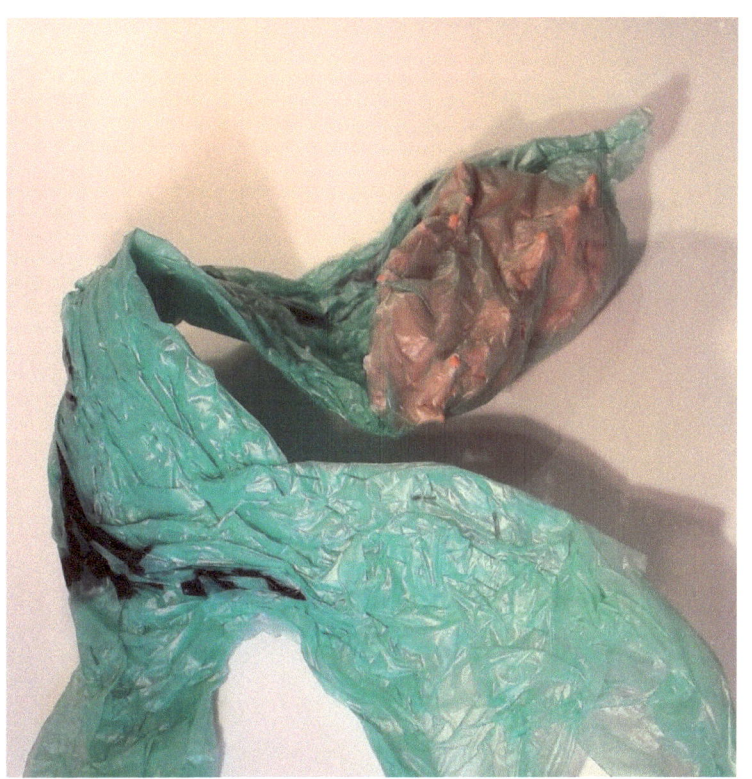

ואקום

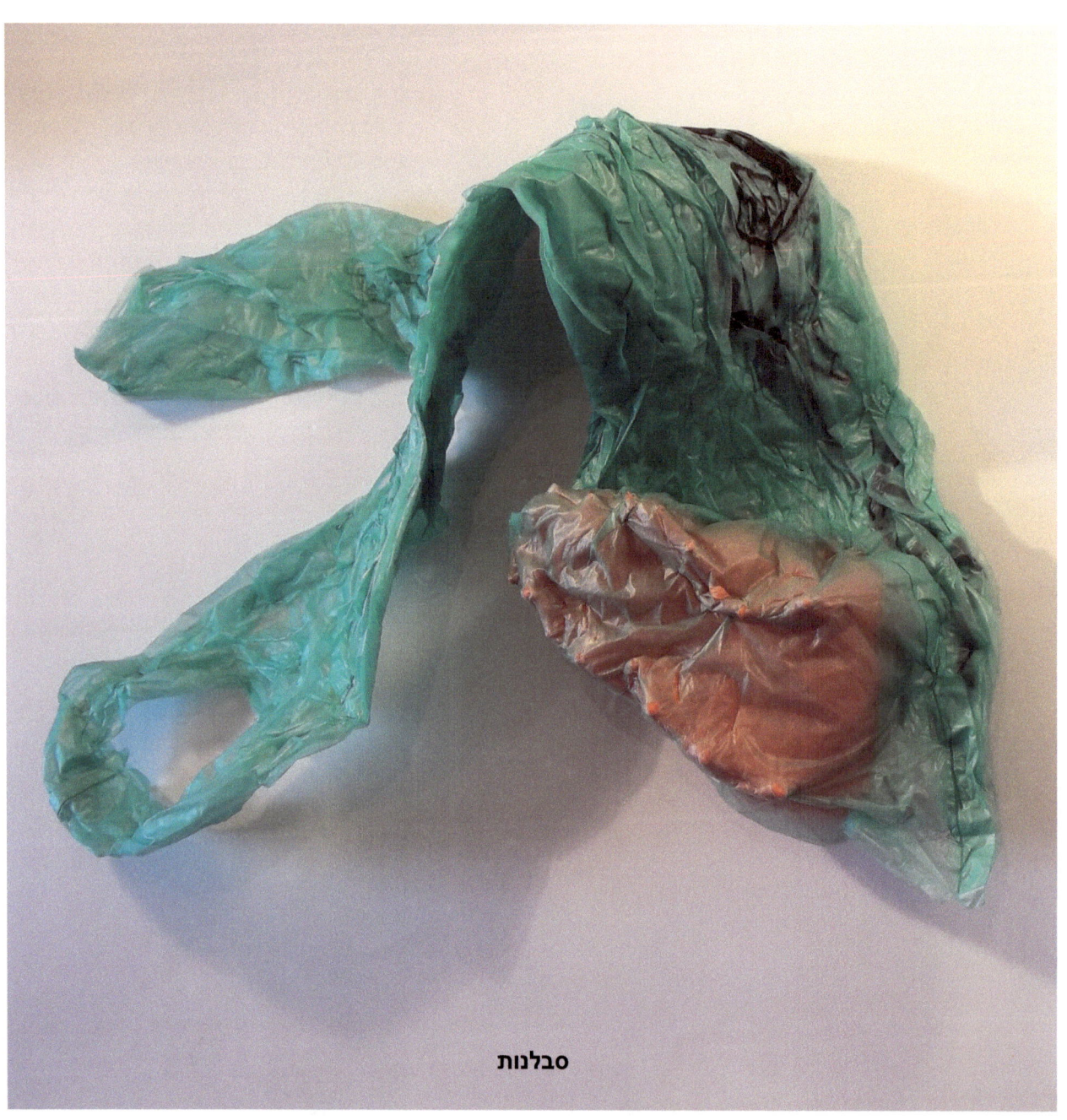

סבלנות

מעגל

מנחת הקבוצה מזמינה אותנו להצטרף למפגש ולעזור לה. אנחנו עומדים במעגל יחד עם המשתקמים ומתבקשים לתת ידיים. הגבר שלצדי חדש בקבוצה. אני חשה שהוא מהסס לתת לי יד ומבקשת ממנו רשות. הוא לוחש לאוזני שאינו יכול לתת לי יד, כי היא תפוסה. כף ידו נפתחת מעט בתנועה המזמינה אותי להציץ. ידו מהדקת שקית מקופלת והוא לוחש לי שהשקיות מגינות עליו מפני קרינת קרניים... הוא מסכים שאאחוז בידו. כף ידי חובקת את כף ידו המאוגרפת. המעגל נסגר.

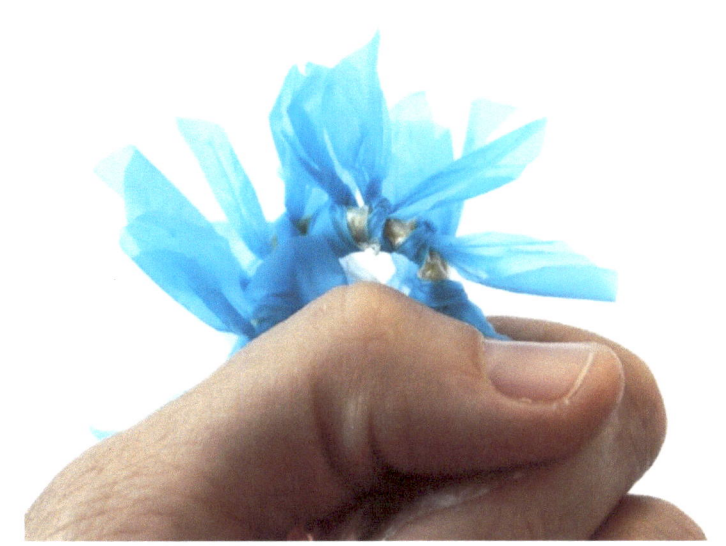

סגירת מעגל

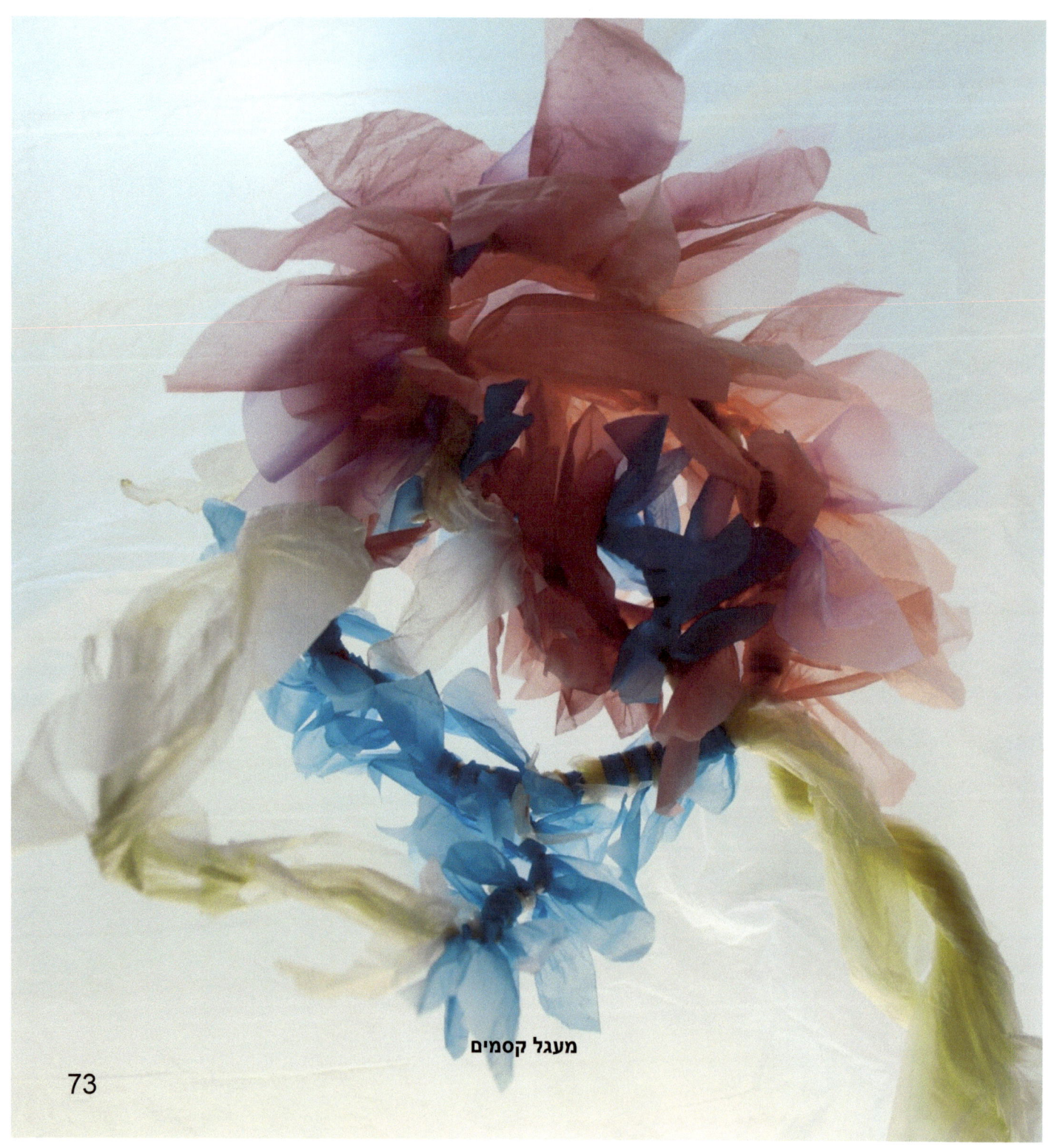

מעגל קסמים

פרק 4

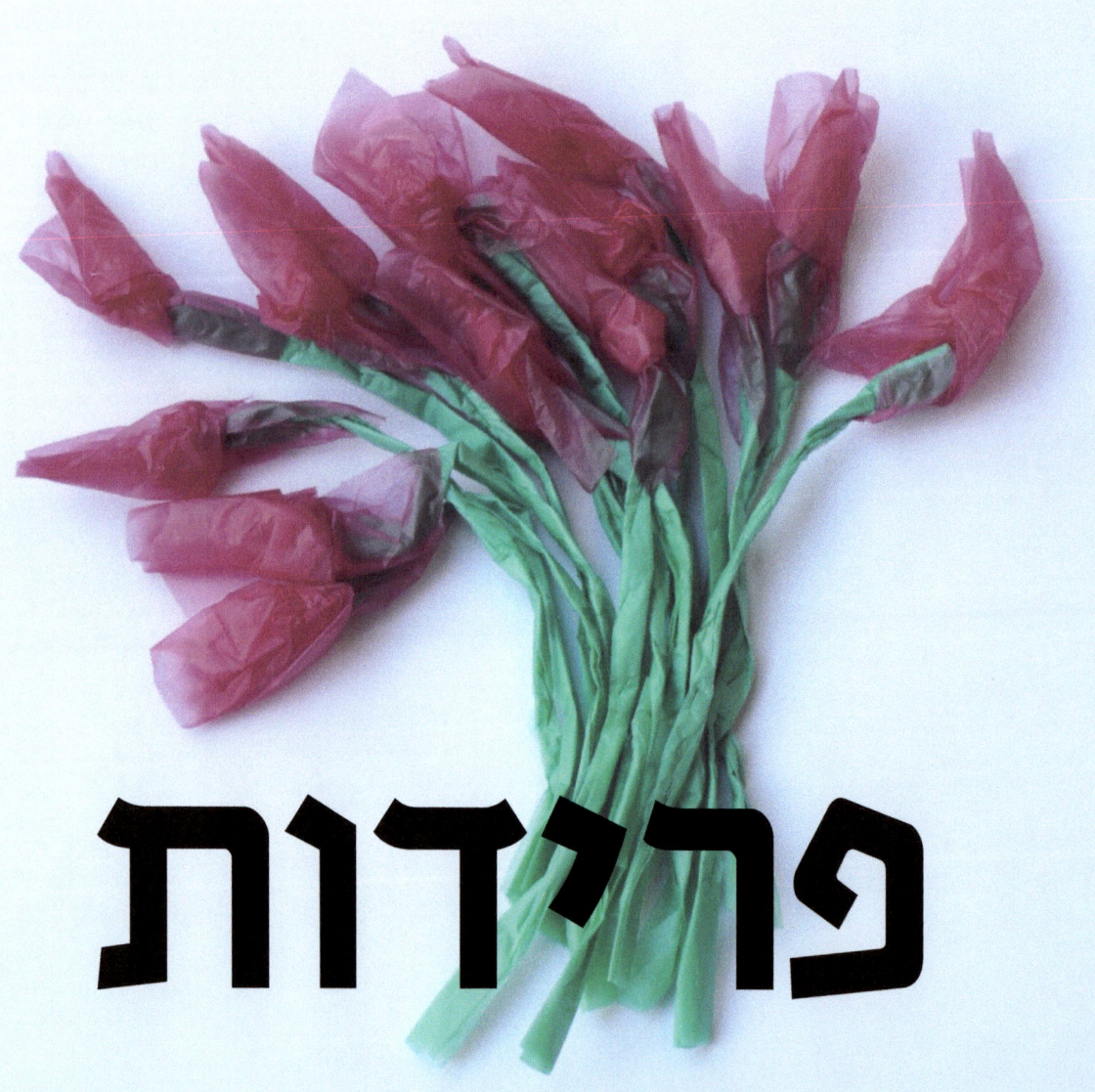

פרידות

כשאמא נעלמת וחוזרת

׳ביי ביי׳, ׳מטוס׳, ׳חוצלארץ - מתנות׳, ׳מכונית מתהפכת׳, ׳אמא!׳

כשהייתי כבת שנתיים וחצי ארעה להורי תאונת דרכים קשה במהלך טיול בחו״ל. ״- *שא דע קינדער האר*״ (ששש... הילדים שומעים). אבי נפצע באורח קל וחזר ארצה כעבור חודש וחצי. אמי ניצלה בנס וחזרה אלינו כעבור שלושה חודשים. רק במהלך הטיפול האישי באמנות הבנתי שאז, חוויתי את היעדרותה כיתמות.

יש לי אמא ואבא ואח. זה לא מובן מאליו.
צרובה בי המודעות לשבריריות ולזמניות של יקירי ושלי.

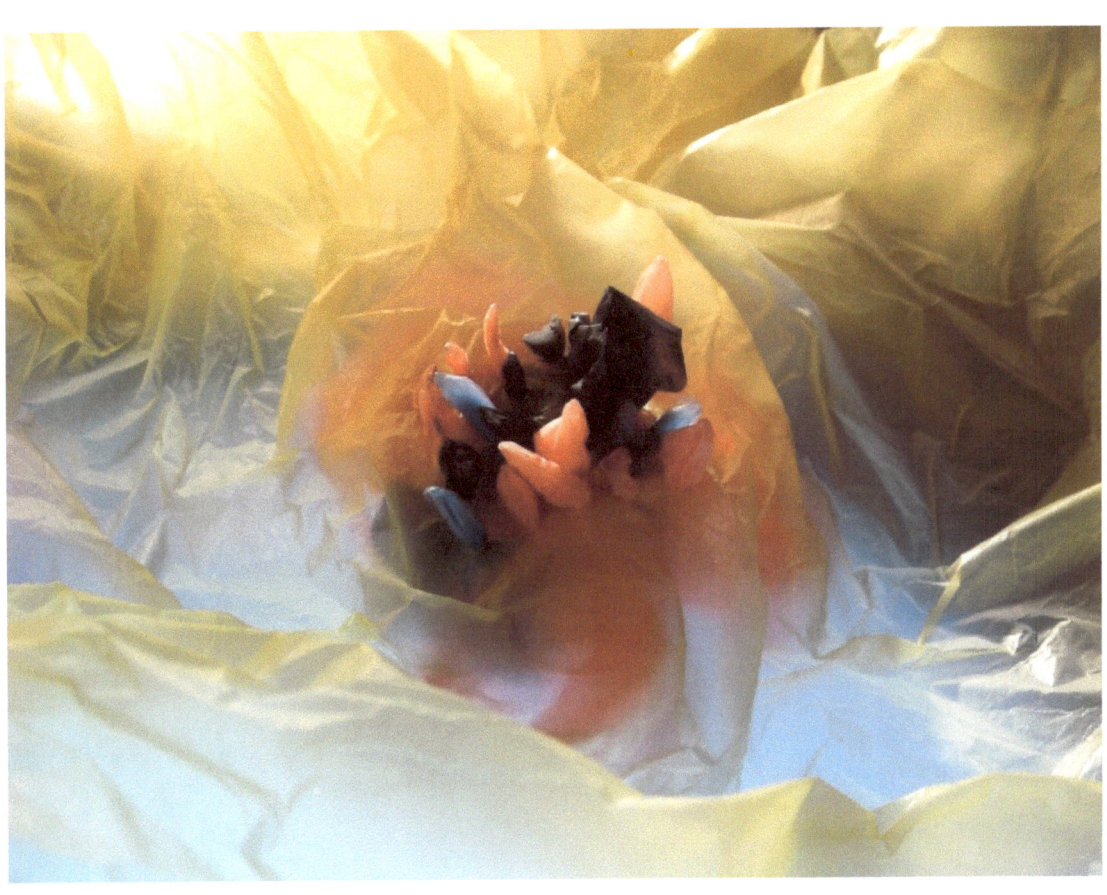

מועקה

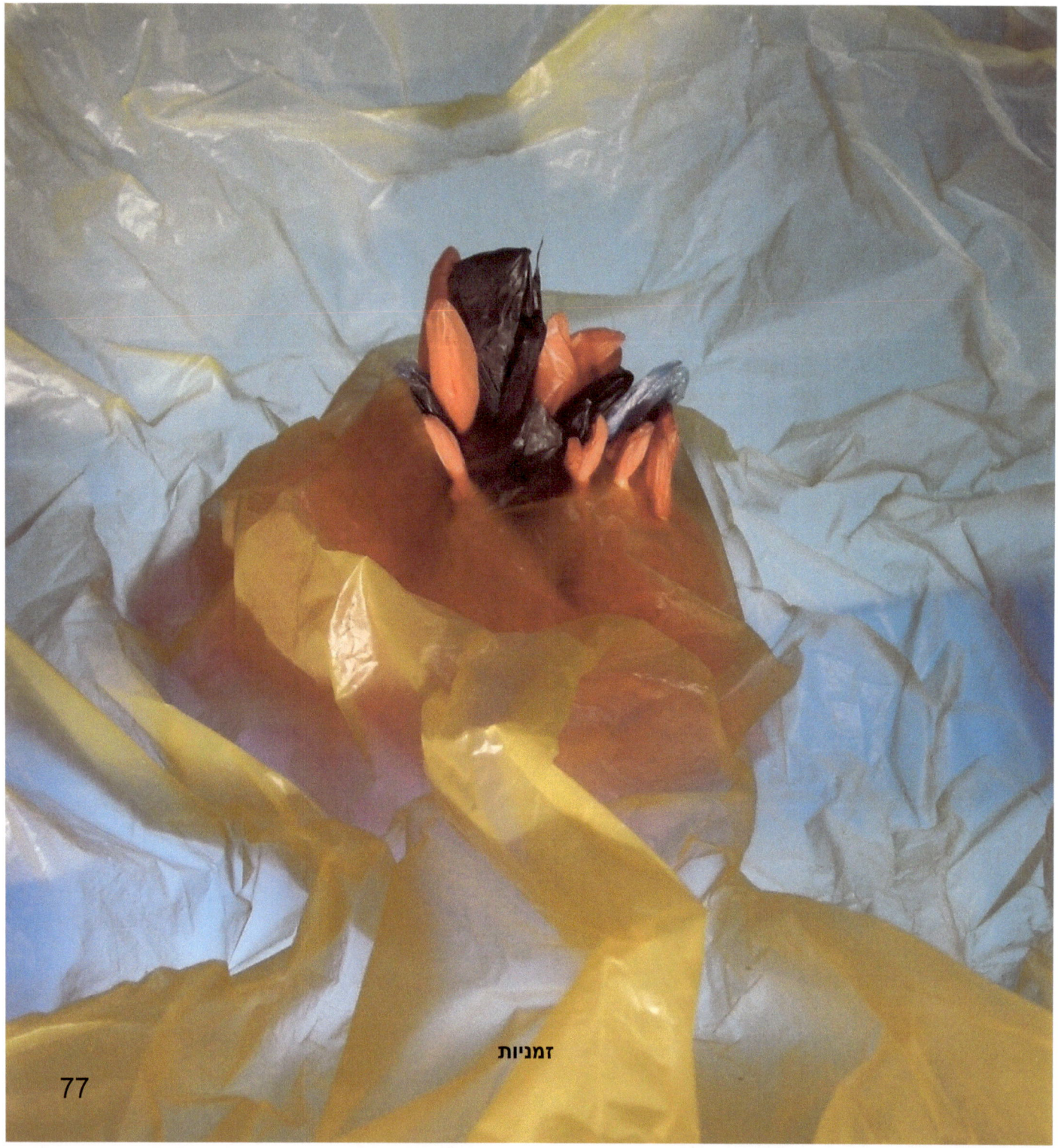

זמניות

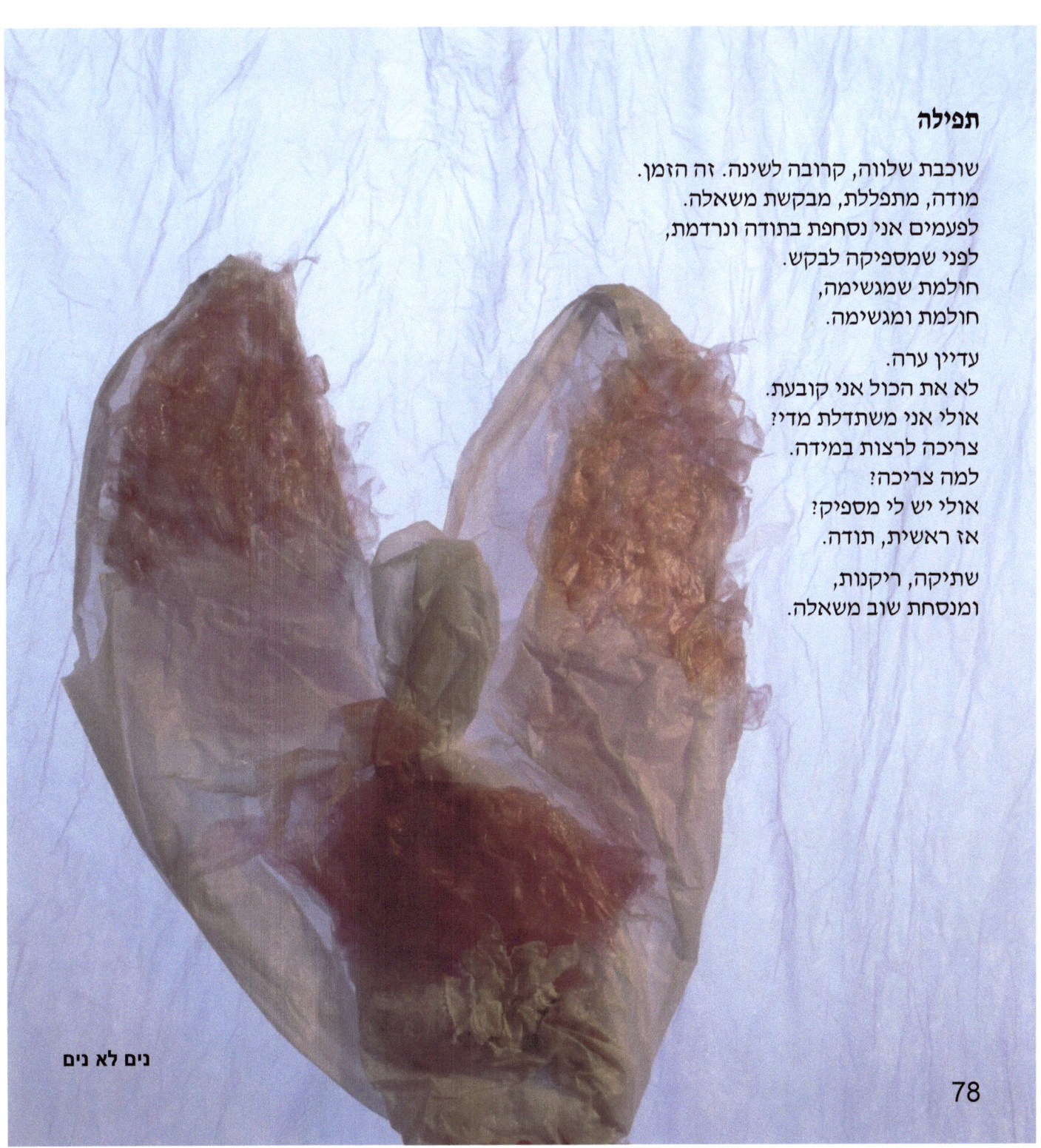

תפילה

שוכבת שלווה, קרובה לשינה. זה הזמן.
מודה, מתפללת, מבקשת משאלה.
לפעמים אני נסחפת בתודה ונרדמת,
לפני שמספיקה לבקש.
חולמת שמגשימה,
חולמת ומגשימה.

עדיין ערה.
לא את הכול אני קובעת.
אולי אני משתדלת מדי?
צריכה לרצות במידה.
למה צריכה?
אולי יש לי מספיק?
אז ראשית, תודה.

שתיקה, ריקנות,
ומנסחת שוב משאלה.

נים לא נים

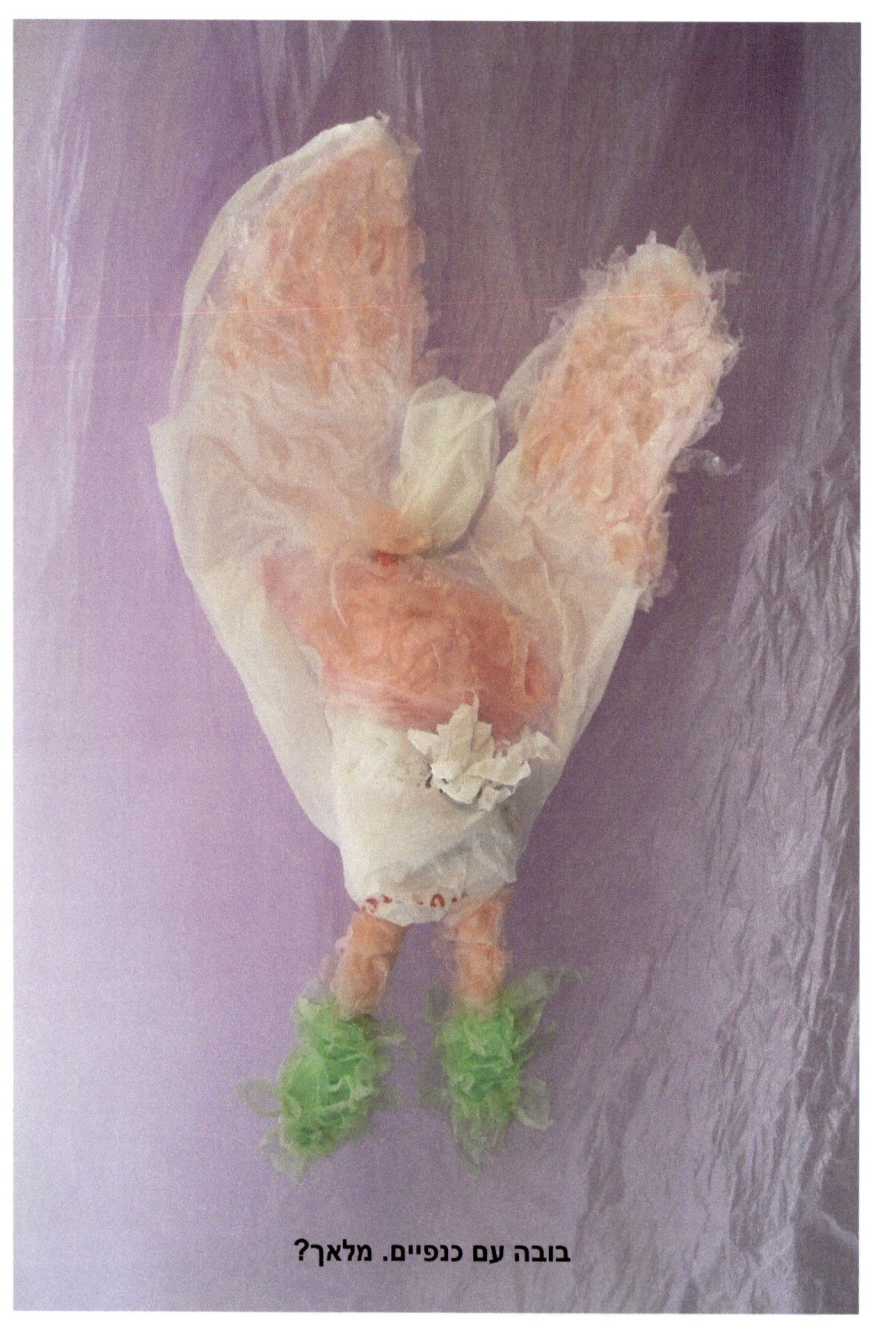

בובה עם כנפיים. מלאך?

שעור לחיים

דמותה של נורית חברתי ליוותה אותי מזכרונותיי הראשונים. מבטינו ודרכינו הצטלבו כבר בתצפית האילמת והסקרנית ממרומי עגלות התינוקות. נורית למדה בלט מגיל חמש. לי הבלט לא התאים. העדפתי לטפס על עצים.

כיתה י"א. אנחנו לומדות באותה כיתה ומתאמנות יחד בריצה, אבל כבר שנתיים בקושי מדברות. כעת נורית מאושפזת כבר יומיים בטיפול נמרץ, פצועה באורח אנוש מתאונת דרכים, אבל זה לא קשור אליי. אנחנו חברות-לשעבר. עוקבת אחר הדרמה מהצד, עד שמזכירת בית הספר נכנסת באמצע השעור ומודיעה שנורית איננה.

עד אותו הרגע החיים היו מובנים מאליהם. לא עלה על דעתי שתמות! ההלם היה אות ראשון במערבולת של כאב ובלבול, שהפכה למסלול אין סופי של השלמה וגעגוע.

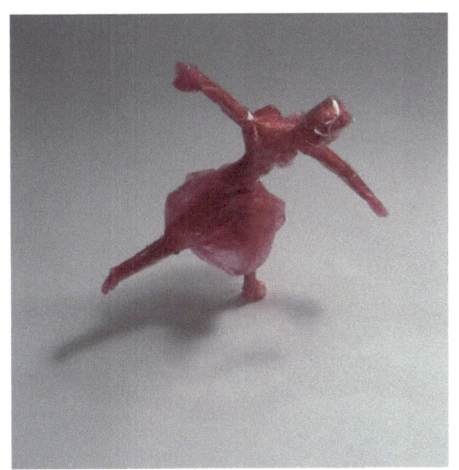

אל תסתכלי למטה!

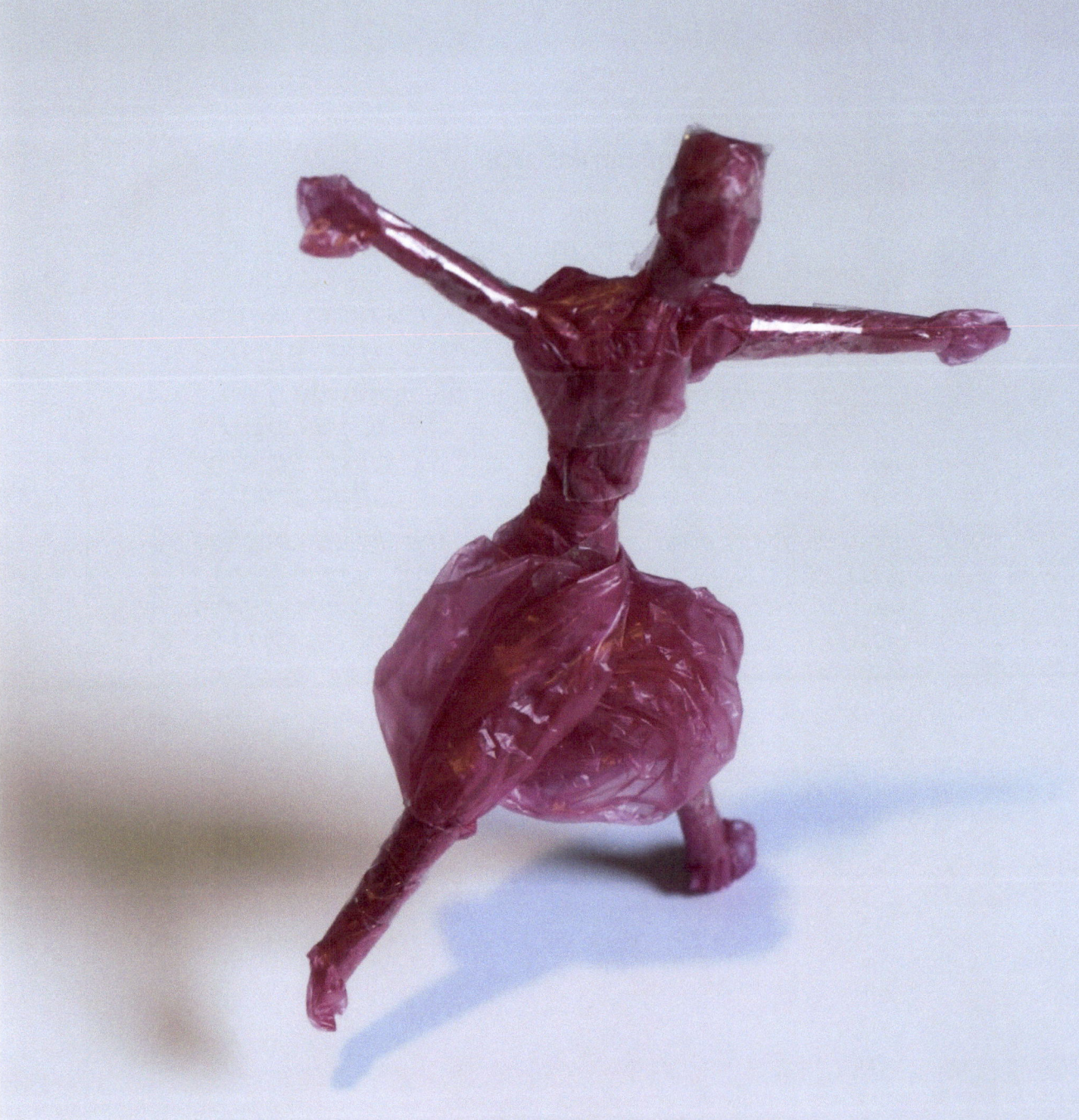

ריקוד אין סופי

מכתב פרידה מאוחר

כשנורית נפרדה מאיתנו, לא נפרדתי ממנה.
לאחר שנים רבות, כתבתי מכתב פרידה לחברה המתה שלי.

שנים שאני מדברת אליך, למרות ששכחתי את קולך. בטוחה שאזהה אותו...
כל כך הרבה זמן אני כאן מאז, ואת לא.

הבוקר בנהיגה הידקתי אגרוף והחלטתי שאינני יכולה איתך יותר.
לא יכולה איתך ככה. את הפחד, האין. העזיבה שלך חסרת תכלית.
את לא כאן עכשיו, אז צאי לי מהחיים. את לא כאן מספיק זמן ואני מסתדרת פה בלעדייך מצוין.

קל לכעוס עליך. קל לכאוב. אני שמחה בחלקי ואת, מה יש לך? את חלקתך.
קשה לשאת את זה. לפחות בראש שלי את נמצאת. אז אל תכבידי, בבקשה.
הניחי לי לחיות בלי ה-בלעדיך. לחיות בלי פחד. אני אזכור ואת תהיי געגוע.
בלי מועקה. רק תזכירי לי להיות עכשיו, להיות כאן.
ולאהוב. את החיים ואת החיים.

עניין לא סגור

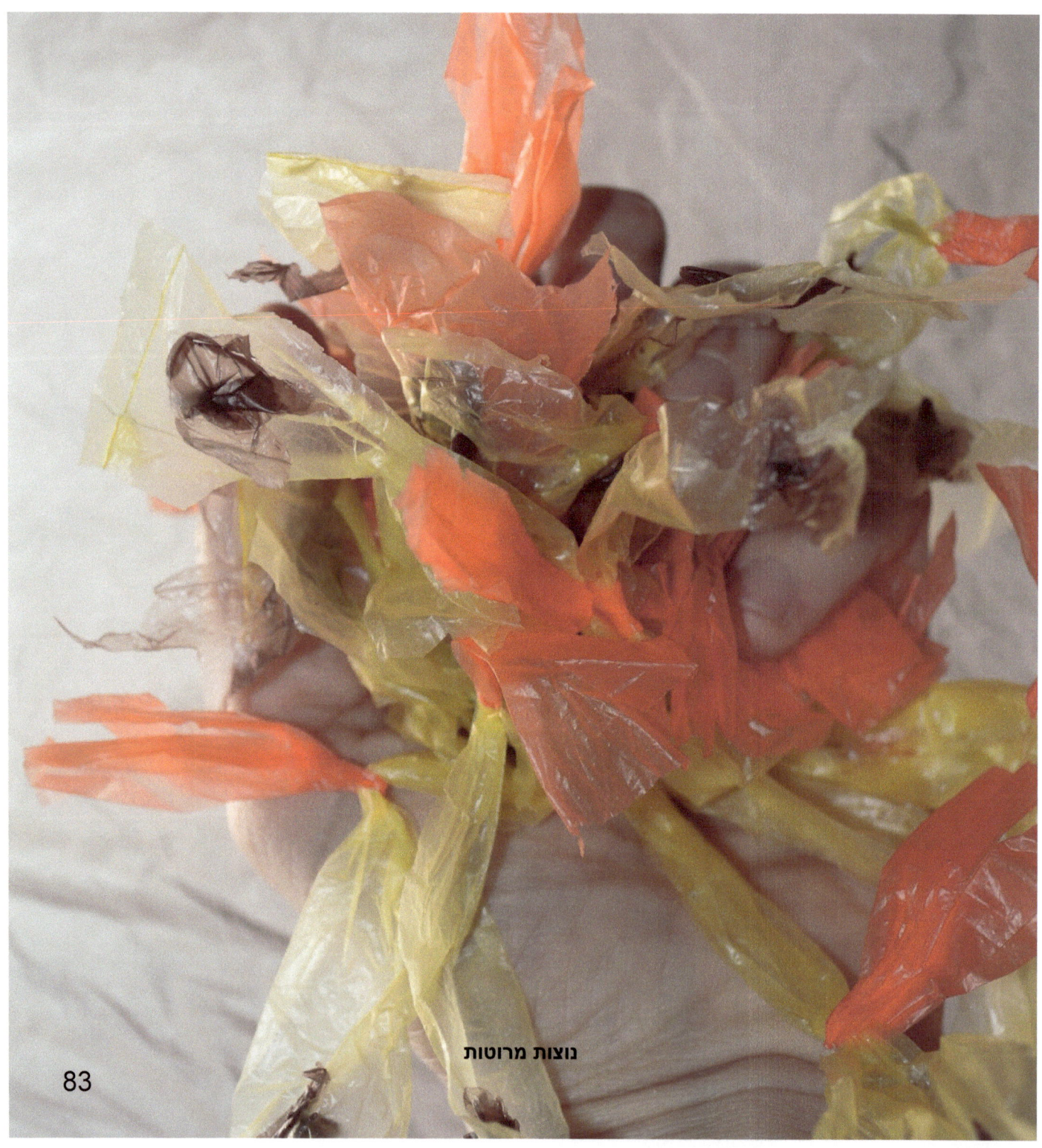

נוצות מרוטות

געגוע

כמתחילה, עמדתי באימונים בקרבת חגית וחיקיתי את תנועותיה.
אהבתי את חוש ההומור שלה, האותנטיות, טוב הלב, החוכמה.

כששיתפתי אותה בכתיבה האישית נהניתי ממשוב אמפטי ורגיש.
לפעמים אני מתגעגעת לחיבוק שלה.

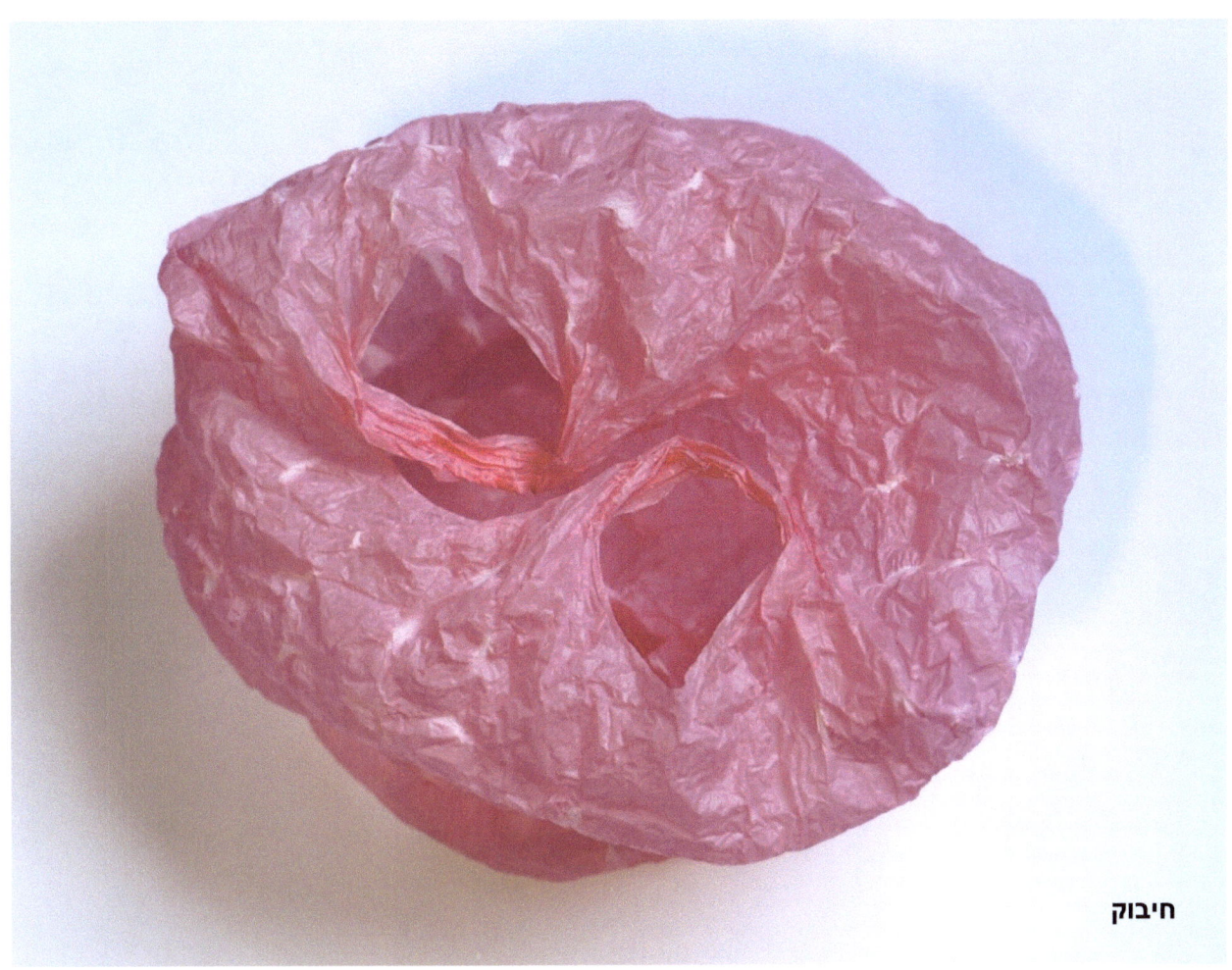

חיבוק

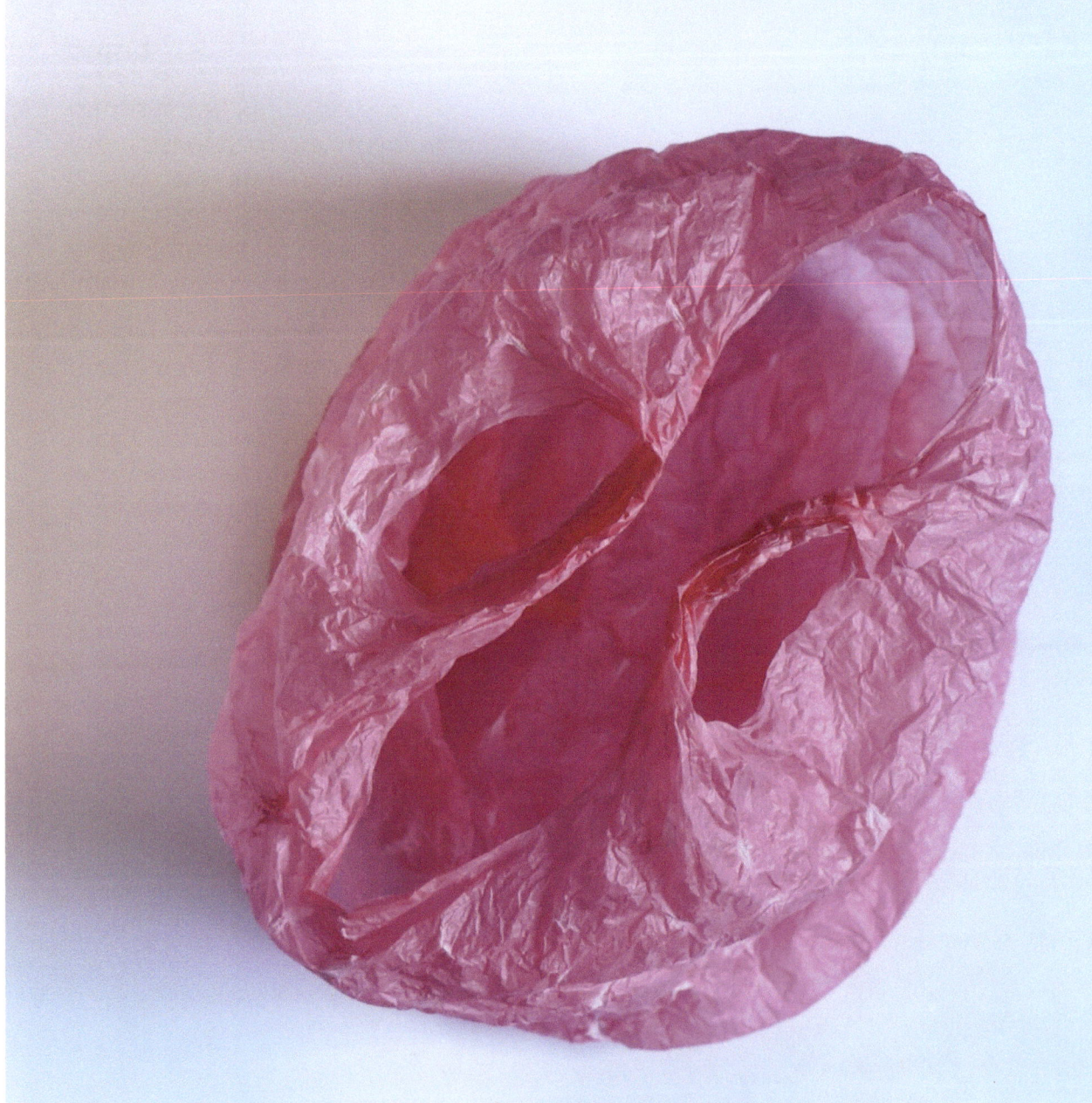

חלל

לעיתים

לעיתים תמצאי אותה במבט חם.
לעיתים תראי אותה שוב ותחייכי אליה.
לעיתים תפגשי אותה חולמת איתך.
לעיתים תזכרי בצחוק שלה, בשיחות שלכן.
תרגישי אותה חיה בך לרגע,
ותשמחי שזכיתן להיות חברות. שנים רבות.

כשאמצא משהו ממנה בתנועת גוף,
אראה אותה שוב ואחייך אליה,
אחלום אותה באימון שלנו,
אזכר בקולה, בצחוקה, בחיבוק שלה,
ארגיש שהיא חיה איתנו לרגע.
לעיתים אני מרגישה שהחמצתי חברות טובה.

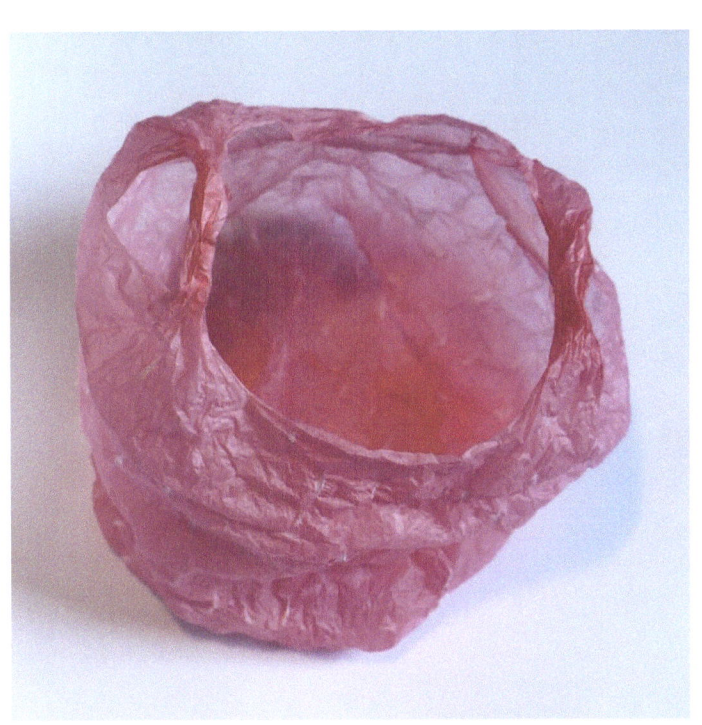

הכלה

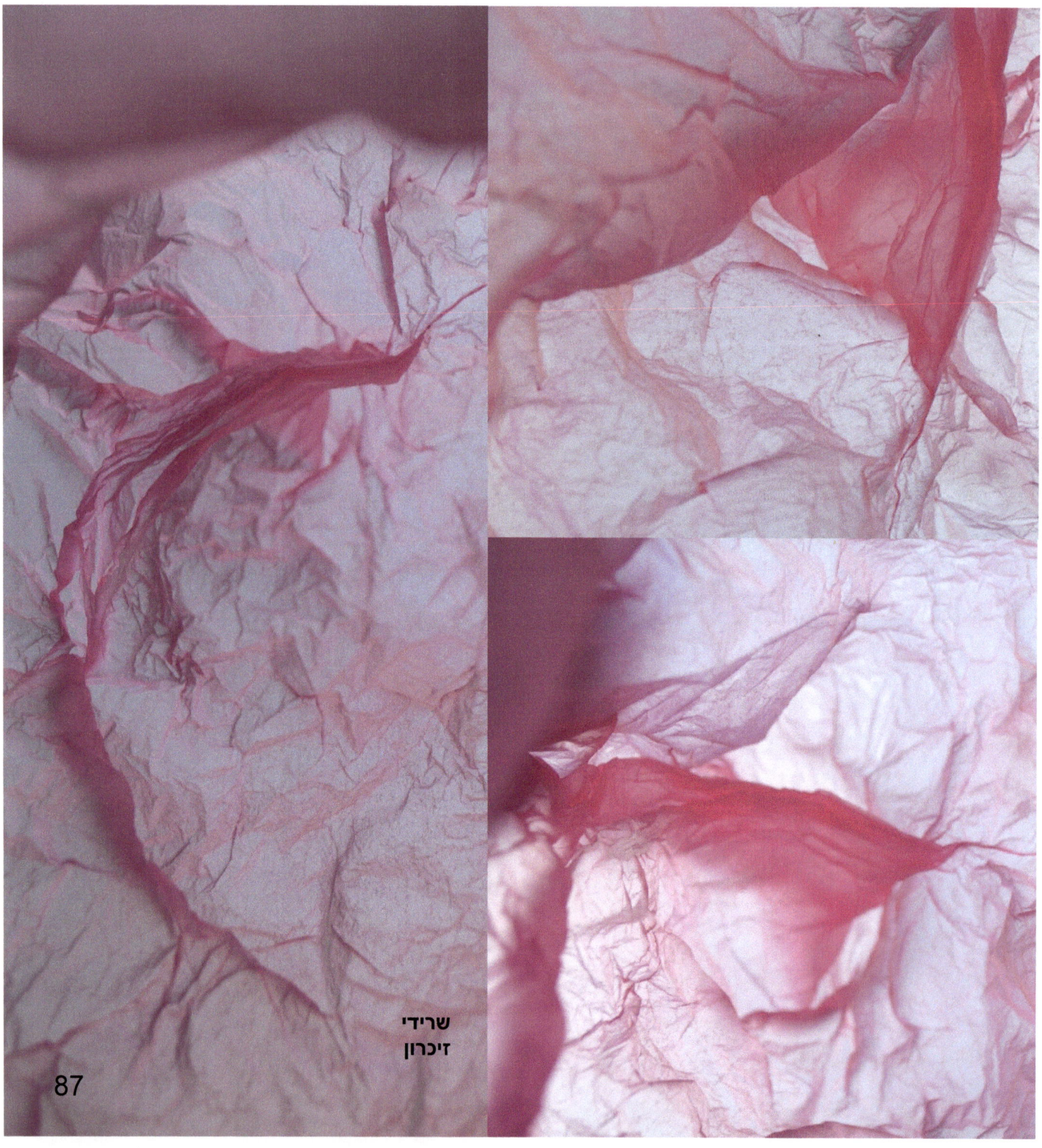

שרידי
זיכרון

החמצה

לא היינו חברות קרובות. לצערי לא נפרדנו, למרות מותה הצפוי.
היא דחתה את ניסיונותיי להתקרב אליה ולתמוך בה במחלתה.
בתנועות מסויימות בתרגול הטאי צ'י אני עדיין נזכרת בה.

התקהלות

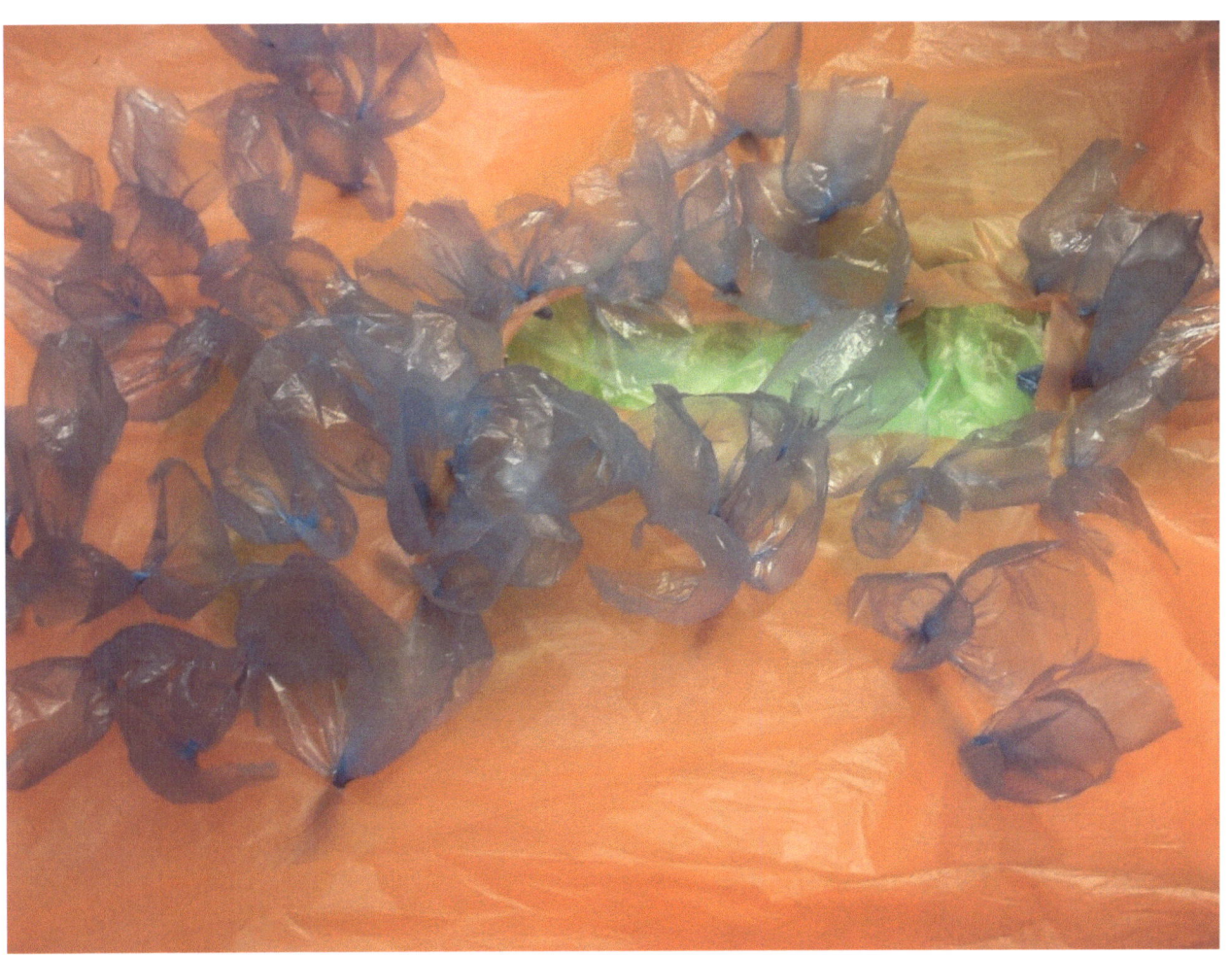

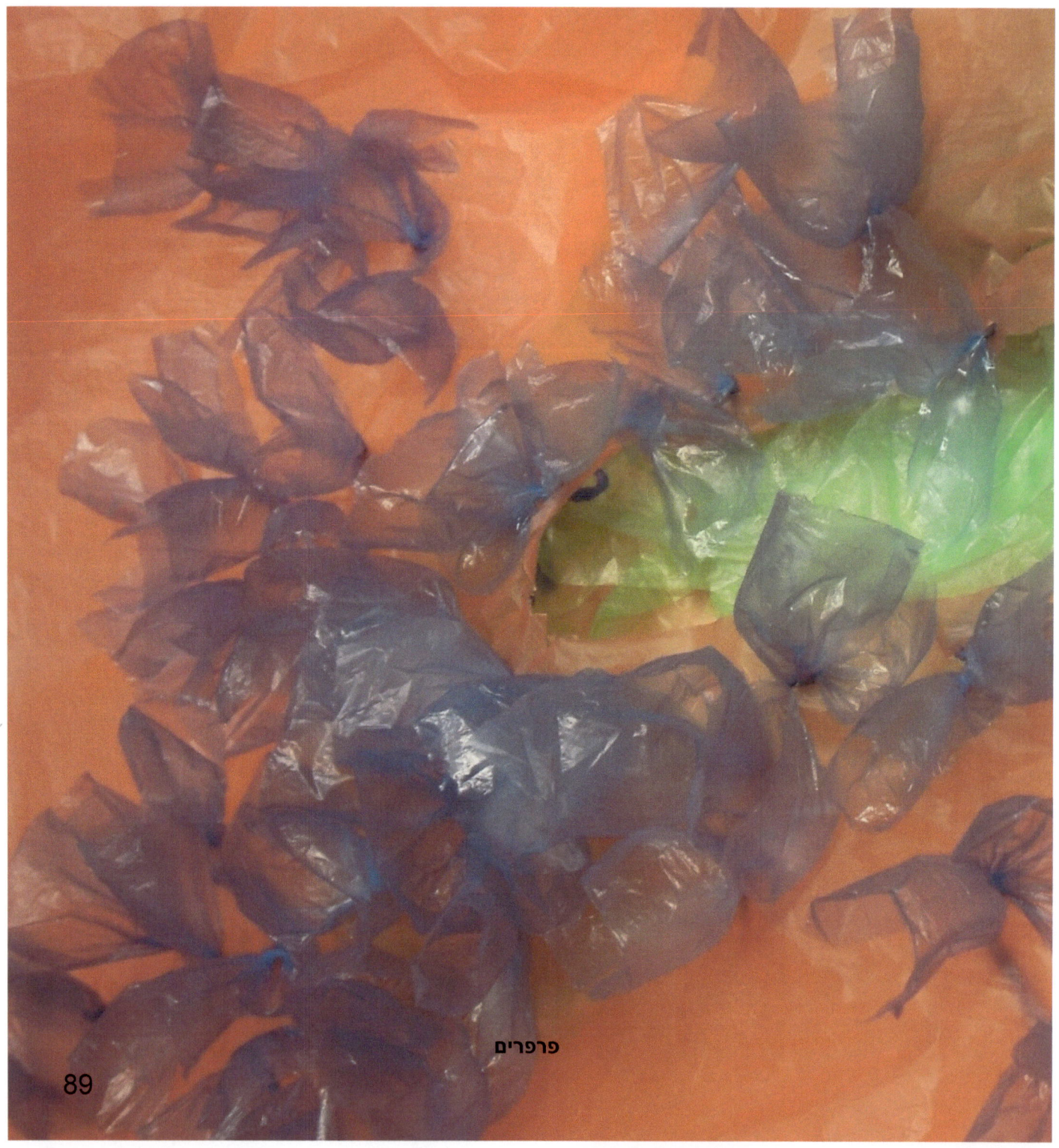

פרפרים

יש לי

אני מאושרת כשסבתא מקבלת את פני בשמחה. היום היא שוכבת תשושה במיטה הגדולה. מספרת לה לאט ובקצרה את חדשות השבוע מהבית. היא מביטה בעיניי, מקשיבה בסבלנות ואומרת בסיפוק: "יש לי אחד-עשר נינים." אני מחייכת אליה ומשתדלת להסתיר את המבוכה. היום סבתא ערנית, אבל לא לגמרי איתי... "חכי רגע" ממהרת להביא מהסלון תמונה ממוסגרת מיום הולדת עגול של 80 או 90. נשכבת לצידה על "המיטה הגדולה" ומראה לה: "כ-ל   ז-ה השבט שלך, סבתא!" מבטה עוקב אחר אצבעי הנעה על זכוכית התמונה, על הפנים המחייכות. אני נוקבת בשמות ילדיה ומצביעה עלי ועל אחי: "אנחנו הילדים של גילה וברוך".

מבטינו מצטלבים והיא שואלת בתום: "את מכירה אותם?" "- סבתא, אני רוני!" היא מחייכת אלי ולוחשת בשמחה: "יש לי אחד-עשר נינים!"

אני שמחה בחלקי בטירוף... סבתא משוחחת איתי, סקרנית ומאושרת!

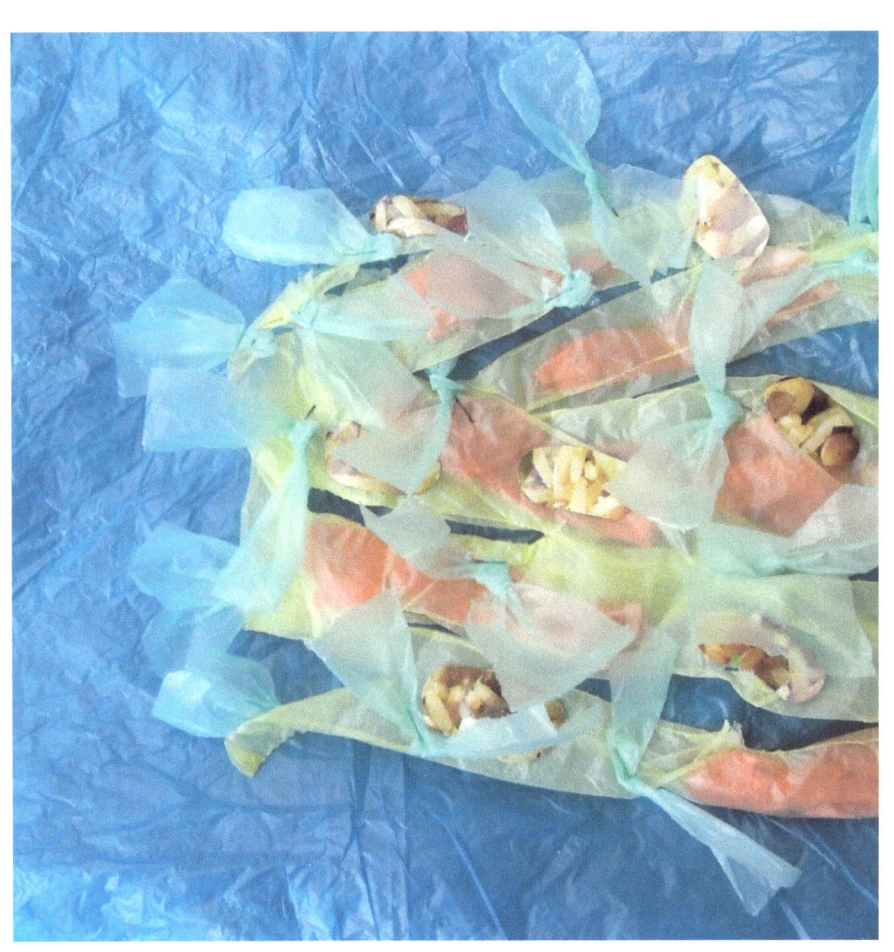

רשת היא אוסף של חורים

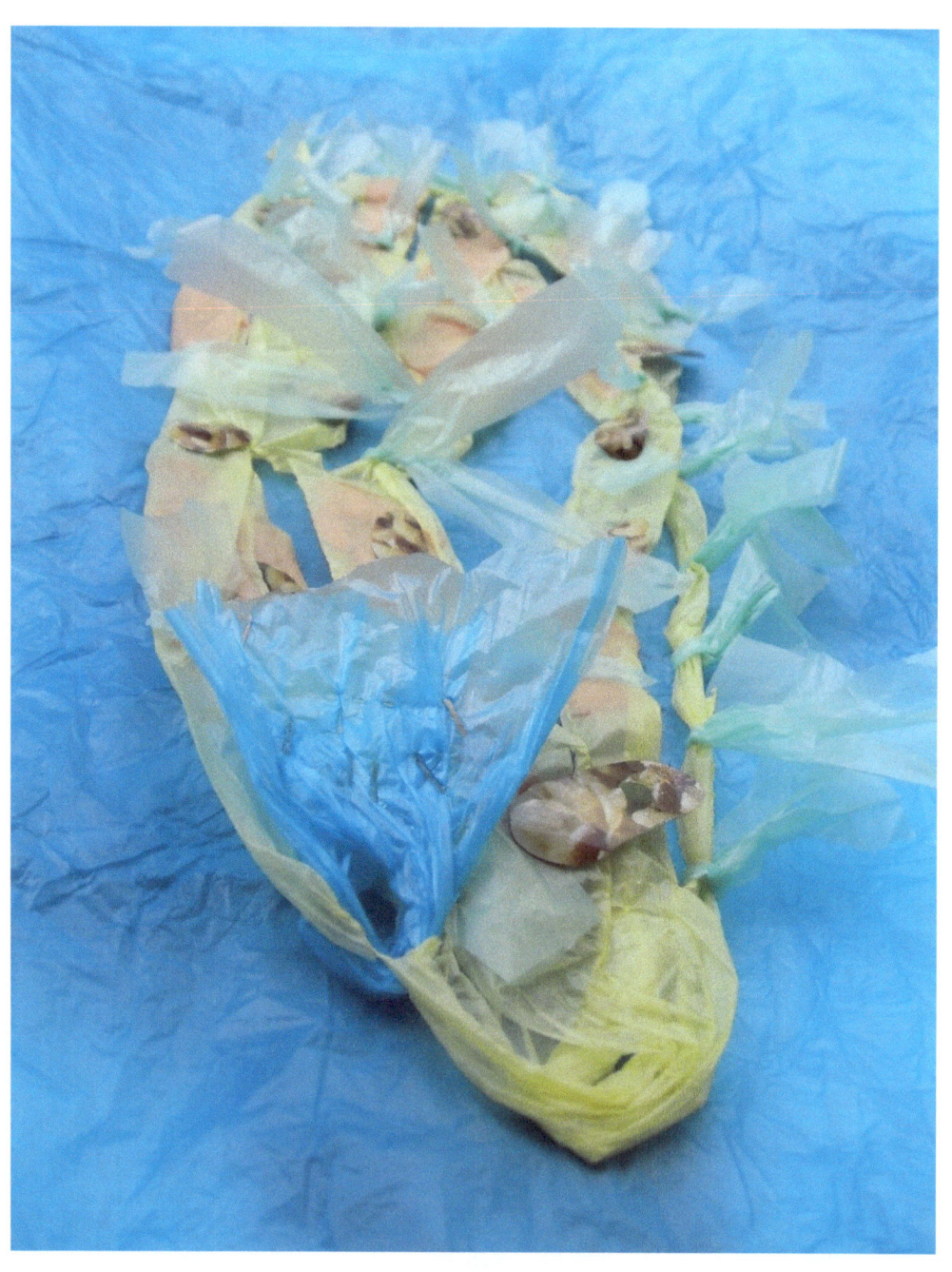

מבט מקרוב

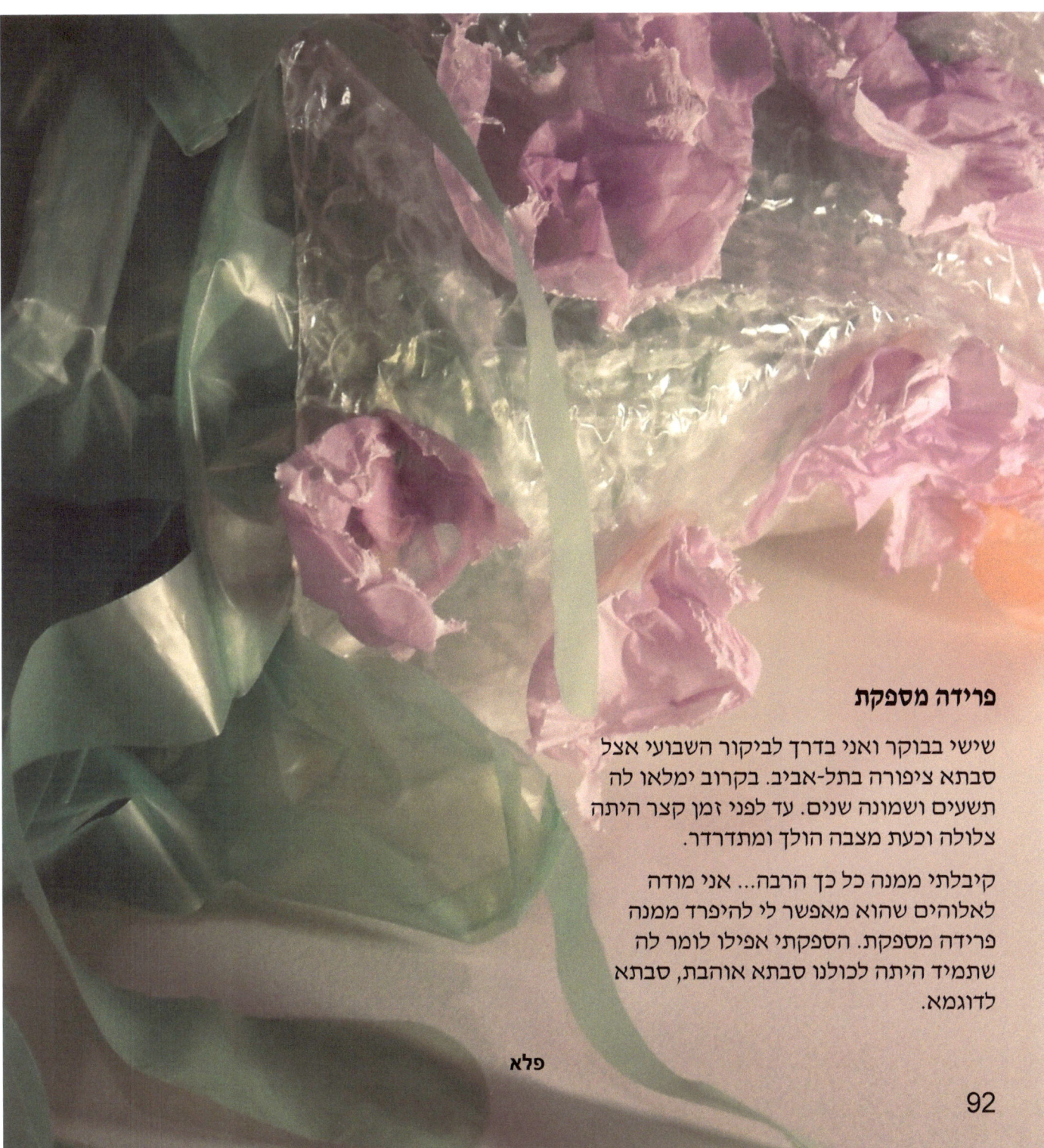

פרידה מספקת

שישי בבוקר ואני בדרך לביקור השבועי אצל סבתא ציפורה בתל-אביב. בקרוב ימלאו לה תשעים ושמונה שנים. עד לפני זמן קצר היתה צלולה וכעת מצבה הולך ומתדרדר.

קיבלתי ממנה כל כך הרבה... אני מודה לאלוהים שהוא מאפשר לי להיפרד ממנה פרידה מספקת. הספקתי אפילו לומר לה שתמיד היתה לכולנו סבתא אוהבת, סבתא לדוגמא.

פלא

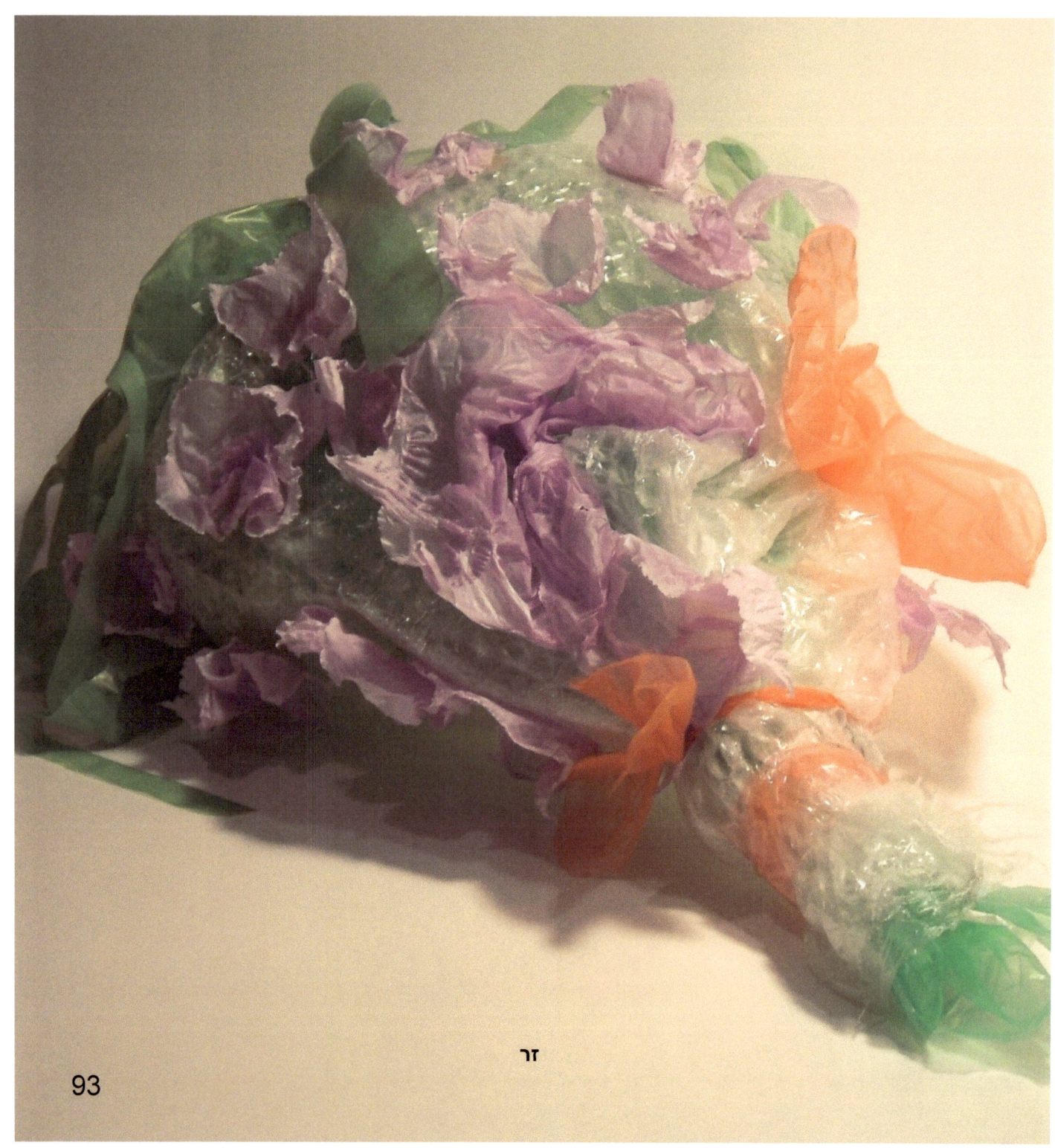

זר

הבשלה

אם ישבת לרגע לנוח מכונסת בעצמך, מתרגלת למקום ולנוף, מסתגלת לבדידות והרגע ארוך. אם חששת לחבור לזר שבא לקראתך, חייכי, יאירו פניו אליך.

תשני מקום, תשתני, תבשילי. תגדלי וחכי. עד שיגיע זמנך להגיח. כבר תדעי מתי, תחושי ברוח. תתמלאי בה, רוח חיים.

סבתא, אם ישבת לרגע לנוח, מכונסת בעצמך, מתרגלת למקום, לנוף, מסתגלת לבדידות והרגע ארוך. נשמי עמוק, קומי, קומי כבר. כי הגיע הזמן, הרגע האחרון לשאוף קדימה. תדעי מתי, תחושי ברוח, ותהיי רגועה, סבתא שלי.

שוב תוכלי לקום בכוחות עצמך ותלכי זקופה. סוף סוף, תחזרי הביתה בשלום.

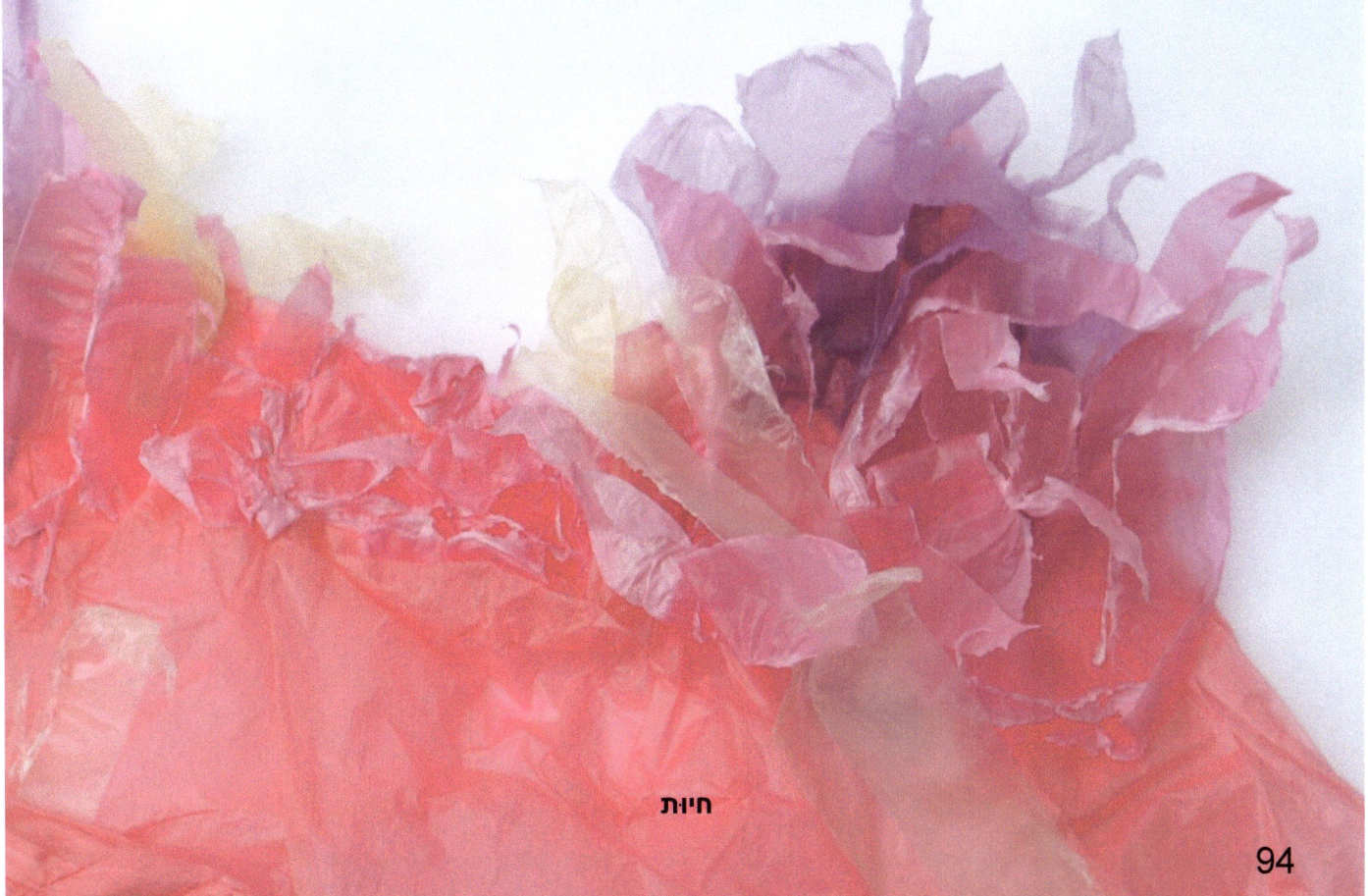

חיות

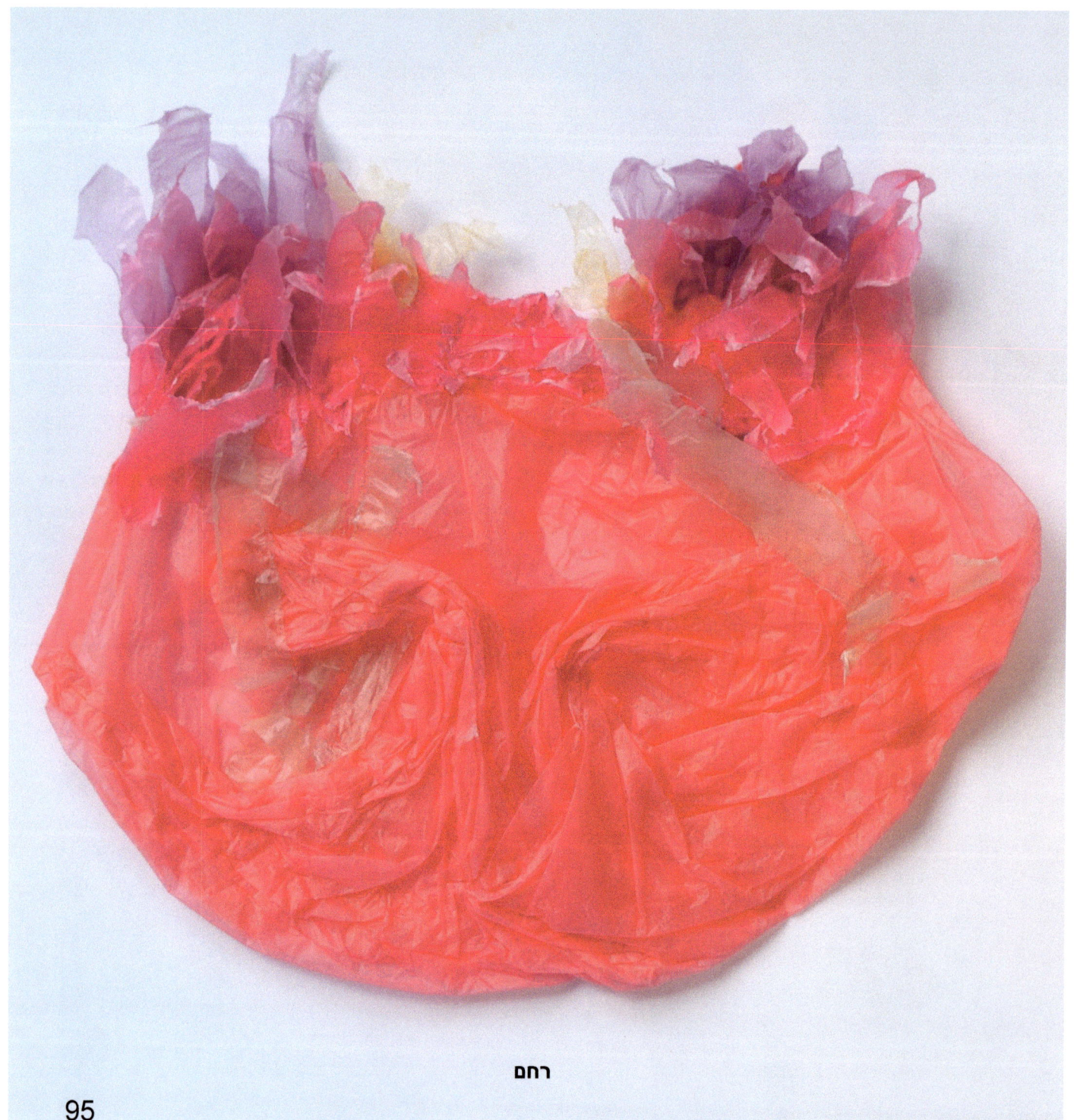

רחם

הולכת לסבתא

צועדת במרץ במעלה השדרה, נזהרת לא להחליק על פירות הפיקוס הדביקים. יתכן שזה הביקור האחרון אצלה. בחודשים האחרונים אני נפרדת ממנה מידי שבוע.

מדלגת בחדר המדרגות החשוך והקר, לא להחמיץ אף רגע איתה. מקווה שסבתא ערה ושתזהה אותי. "איפה סבתא?" – "במטבח!" אני מציצה ונדהמת: סבתא יושבת סמוך לכיריים על הכסא הגבוה, ידה הארוכה אוחזת מתוחה במזלג, משגיחה על ה"חצילים ברסק עגבניות" שלה! סבתא בחיים לא תמות!

התפרקות

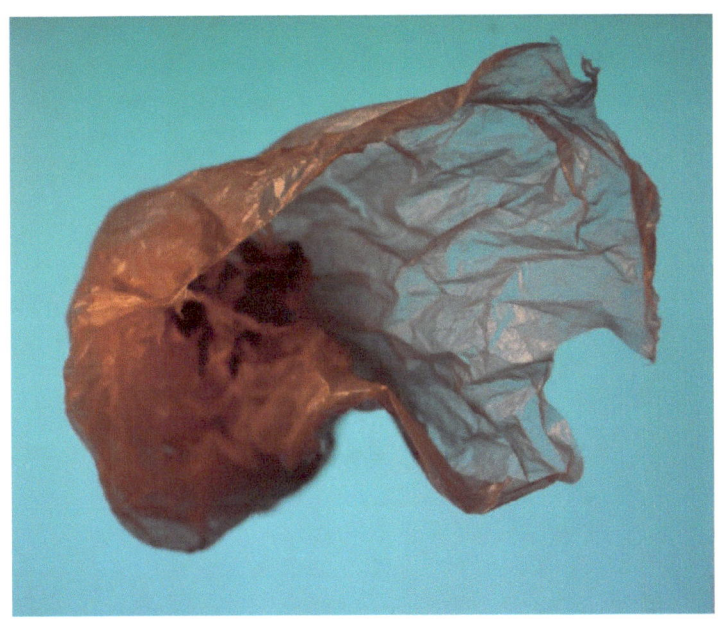

זרע

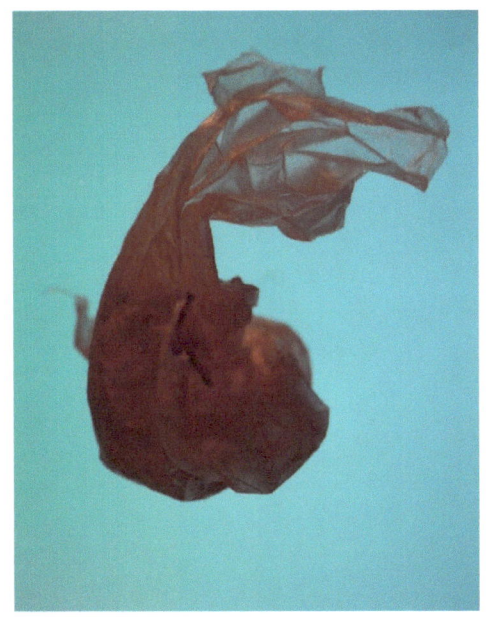

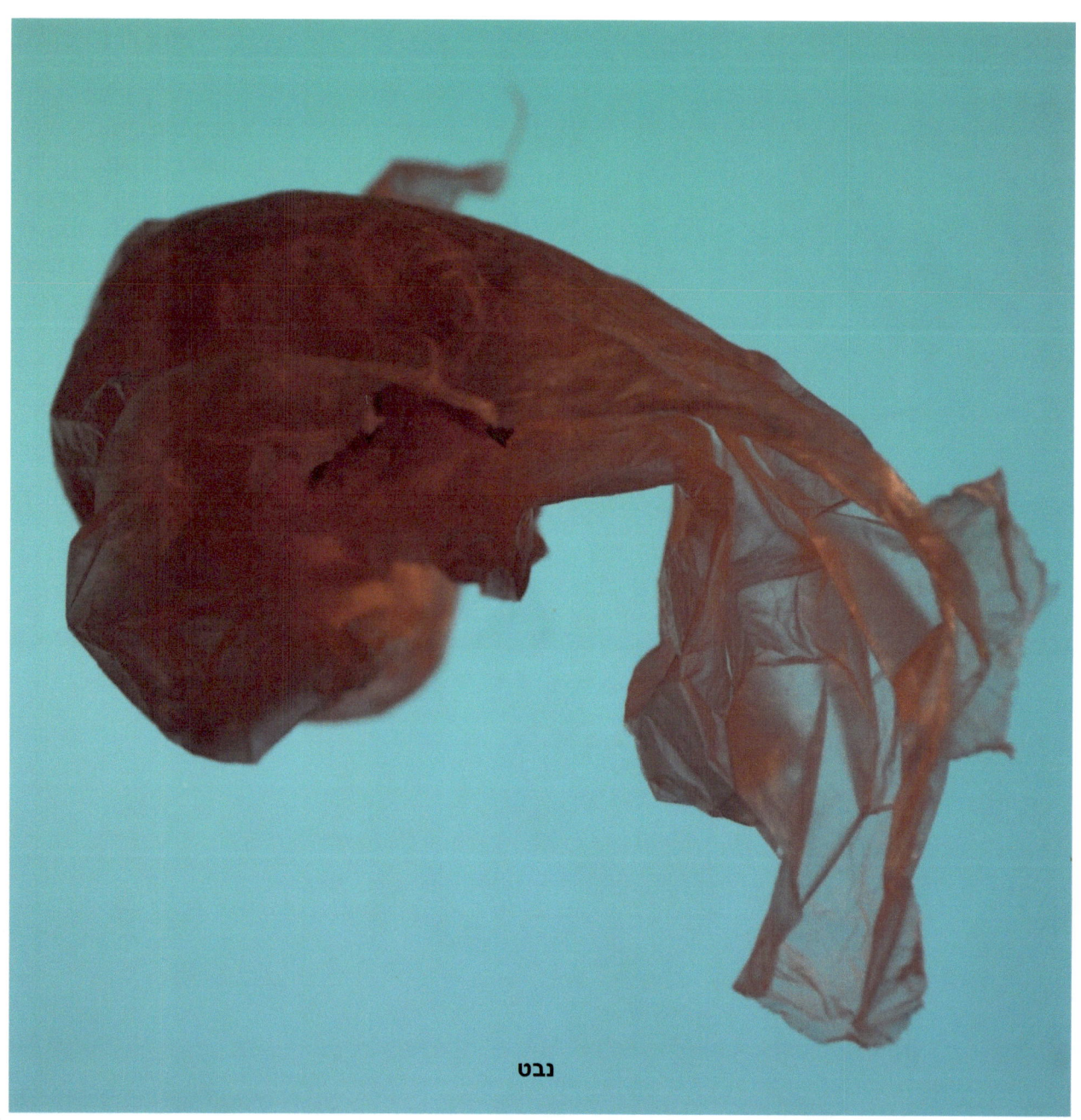

נבט

מערבולת רגשות

מזהה מרחוק את סימניה של מערבולת רגשות מתקרבת. ואולי אני זו שמתקרבת אליה... נמשכת לסכנה, מהלכת על שפת התהום, טובלת אצבע במרה השחורה. עד כמה עמוק הבור? כמה נמוך ארד הפעם? חוקרת בשליטה או נסחפת? האם המודעות תגאל אותי מההצפה? האם אני נהנית מהכאב? בלימודי הטיפול באמנות הכרתי את המושג 'רווח משני'.

מדלגת בין אי ידיעה לידיעה, כשהרגש החמקמק מעוור ומעיק. יום אחד אסיים לאחוז בכאב ובצער. אי ידיעה יהפוך לאי של ידיעה. אתנחם ואחיה בהווה. ארגיש שלמה עם עצמי.

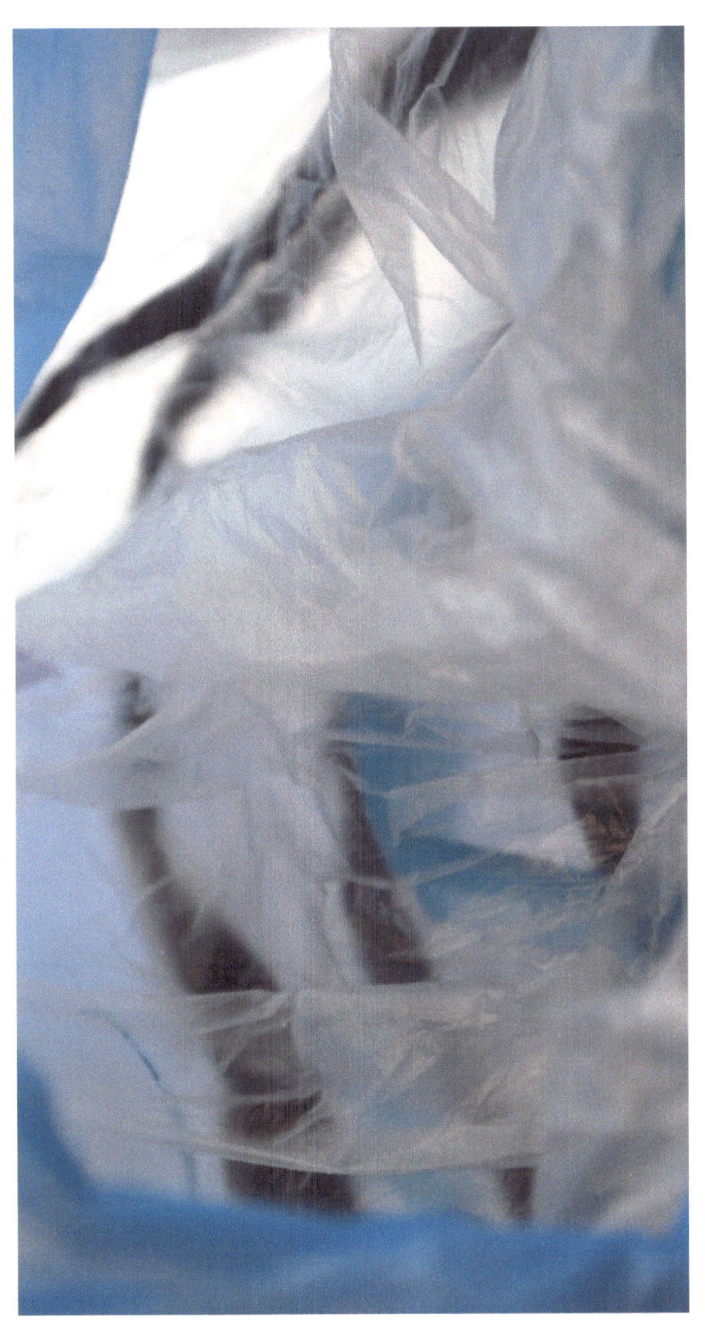

סערת רגשות

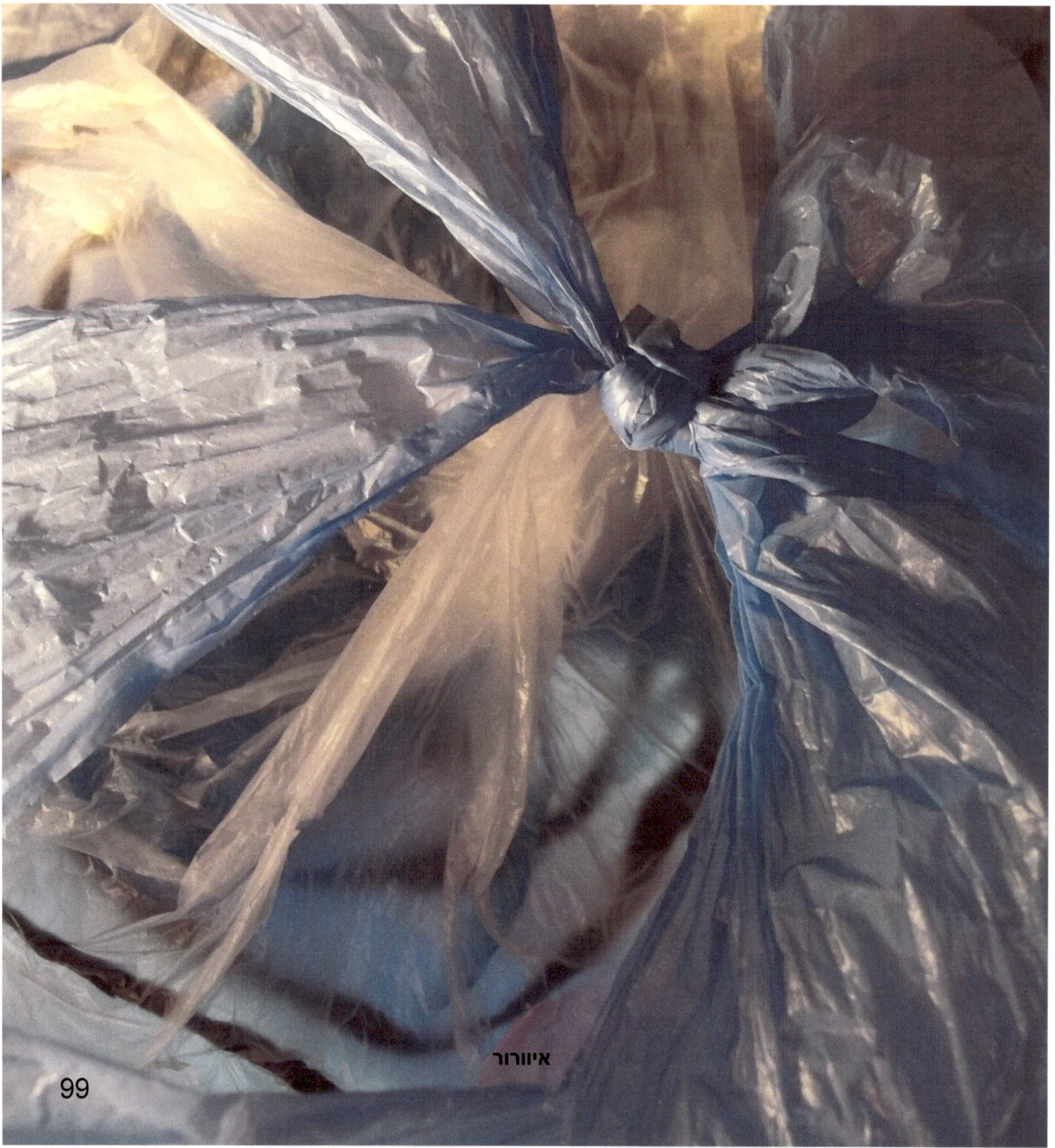

איוורור

פרידה בטרם עת

לעיתים אני מתגעגעת לחברה המתה שלי. בשנתיים שלפני מותה כמעט ולא החלפנו מילה, ובכל זאת אני מתגעגעת אליה; לתכונות שאהבתי בה, לחברות התמימה שהיתה לנו. עברו מאז יותר משלושים שנה. דמותה ומבטה כבר מעומעמים בזכרוני, קולה נשכח, אבל השיחה איתה נמשכת.

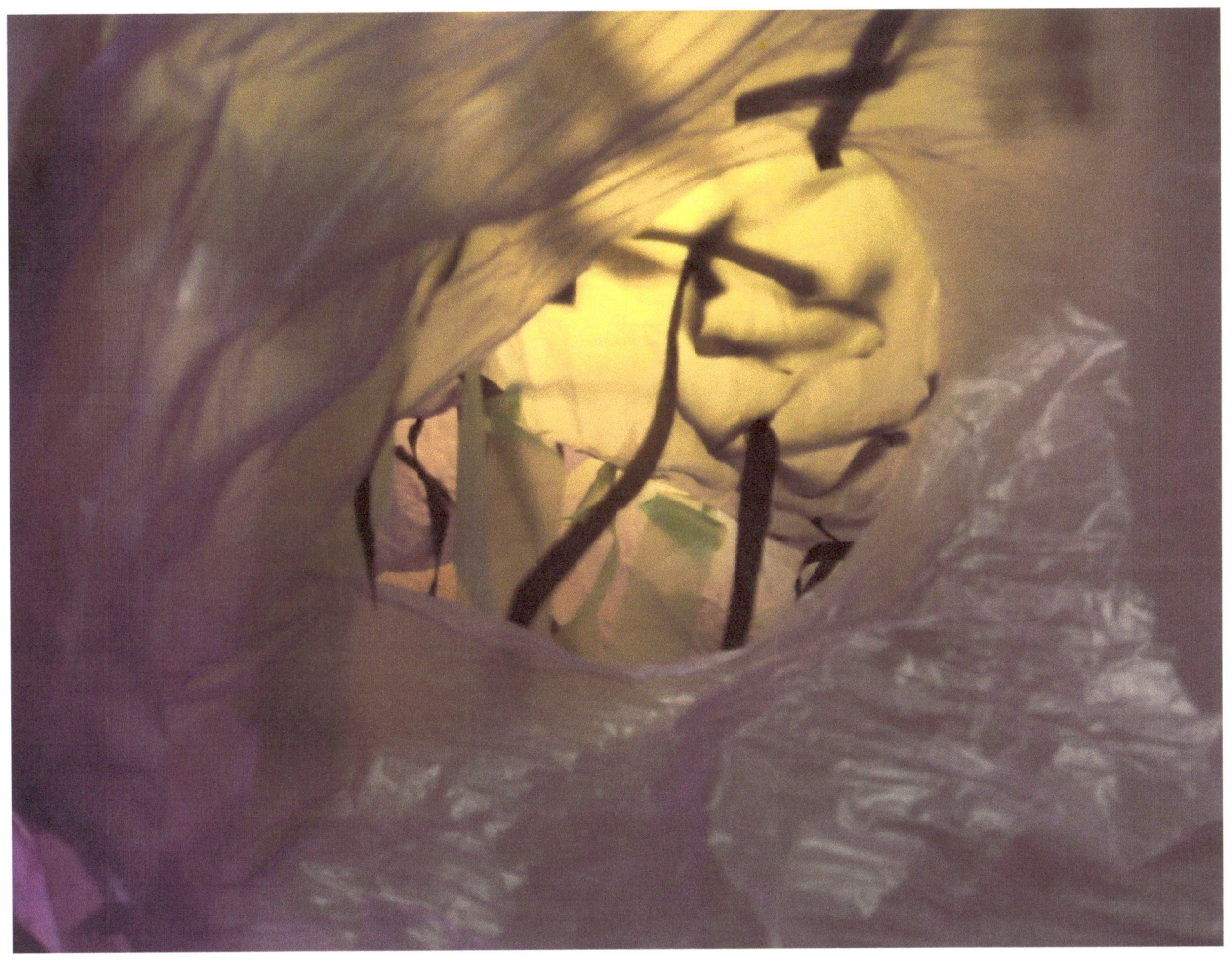

מחילה

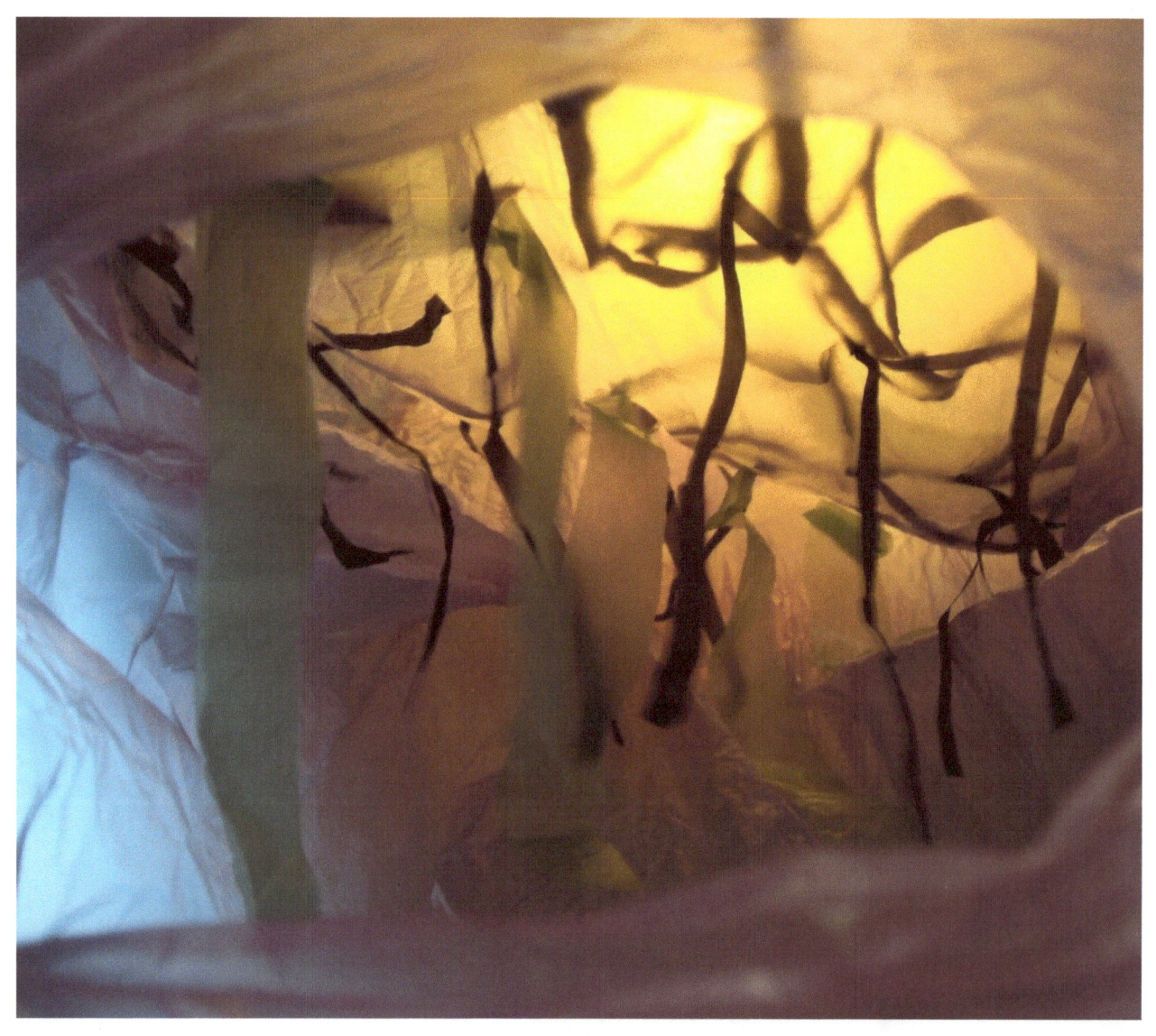

געגוע

מנפה מחשבות

מנסה להגדיר את המועקה במילים, לזקק אותה, להבין. לעיתים המועקה היא געגוע.

איזו צורה אני נותנת למועקה הזו? מרכז הבור נראה לי כמו לבה בוערת. חום, אנרגיה, אור - האם מצאתי מוצא?

מחפשת זווית ראיה שונה, להתבונן על הדברים באור אחר. אשן על זה, מחר הכל יראה אחרת.

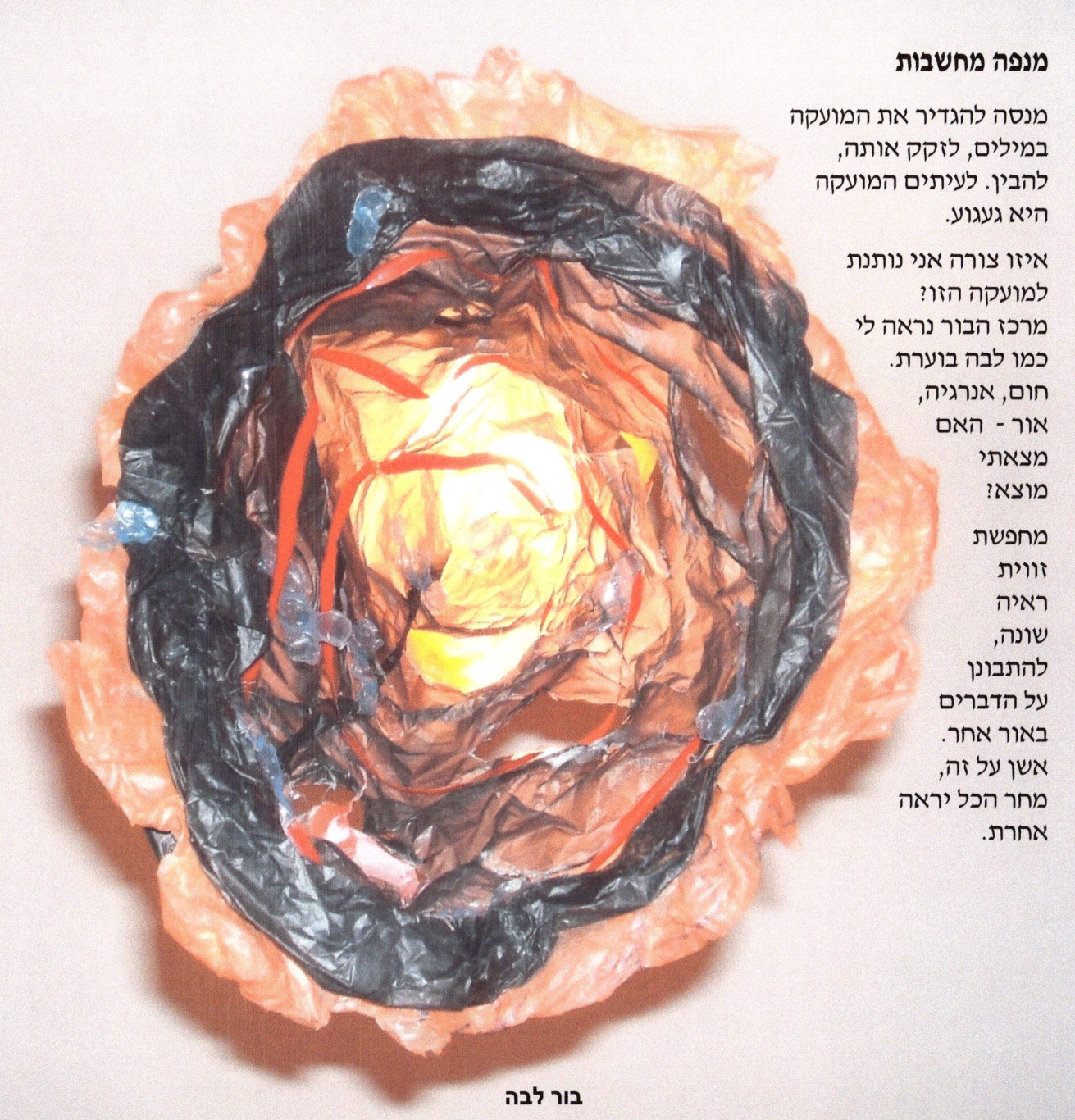

בור לבה

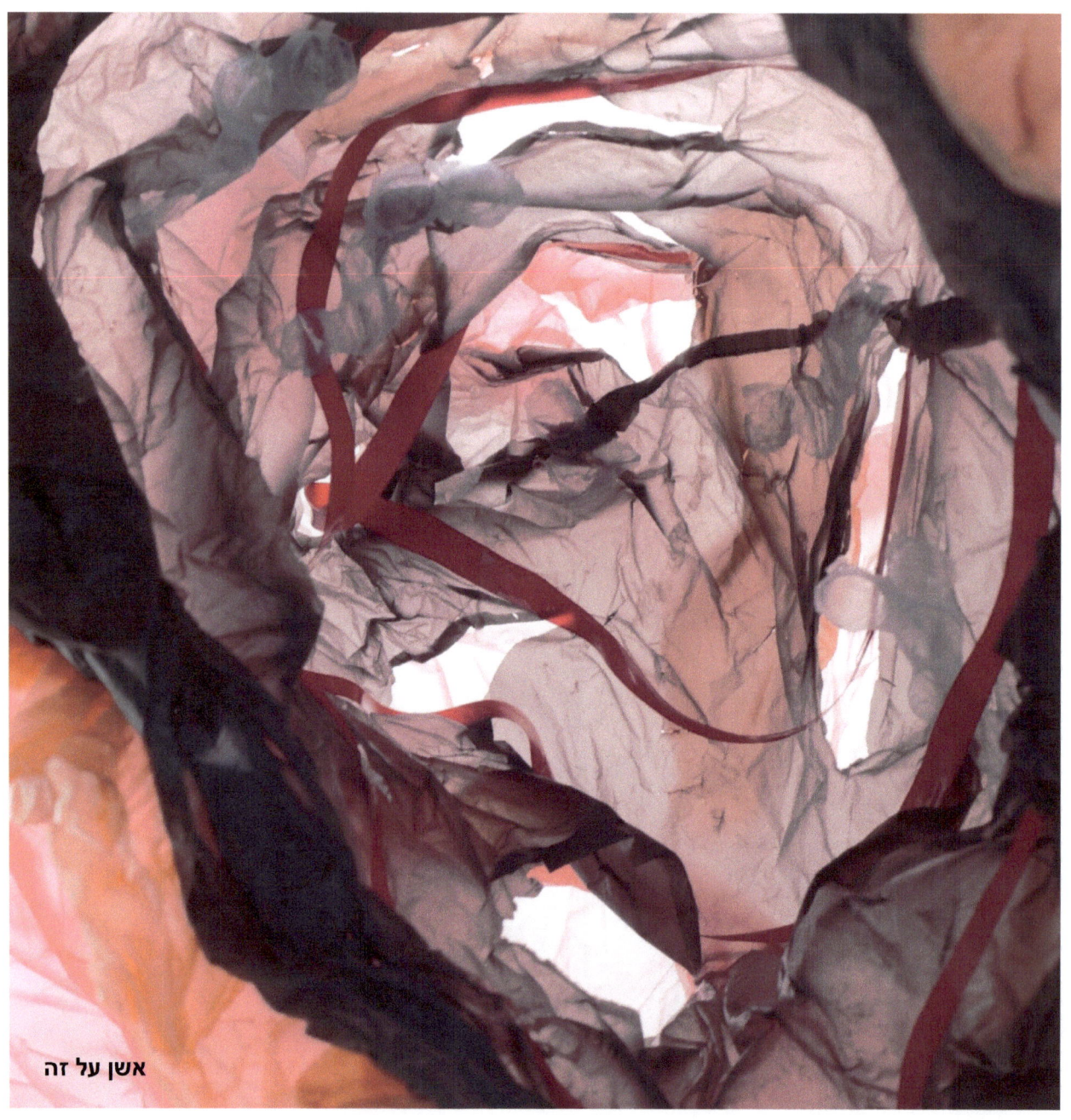

אשן על זה

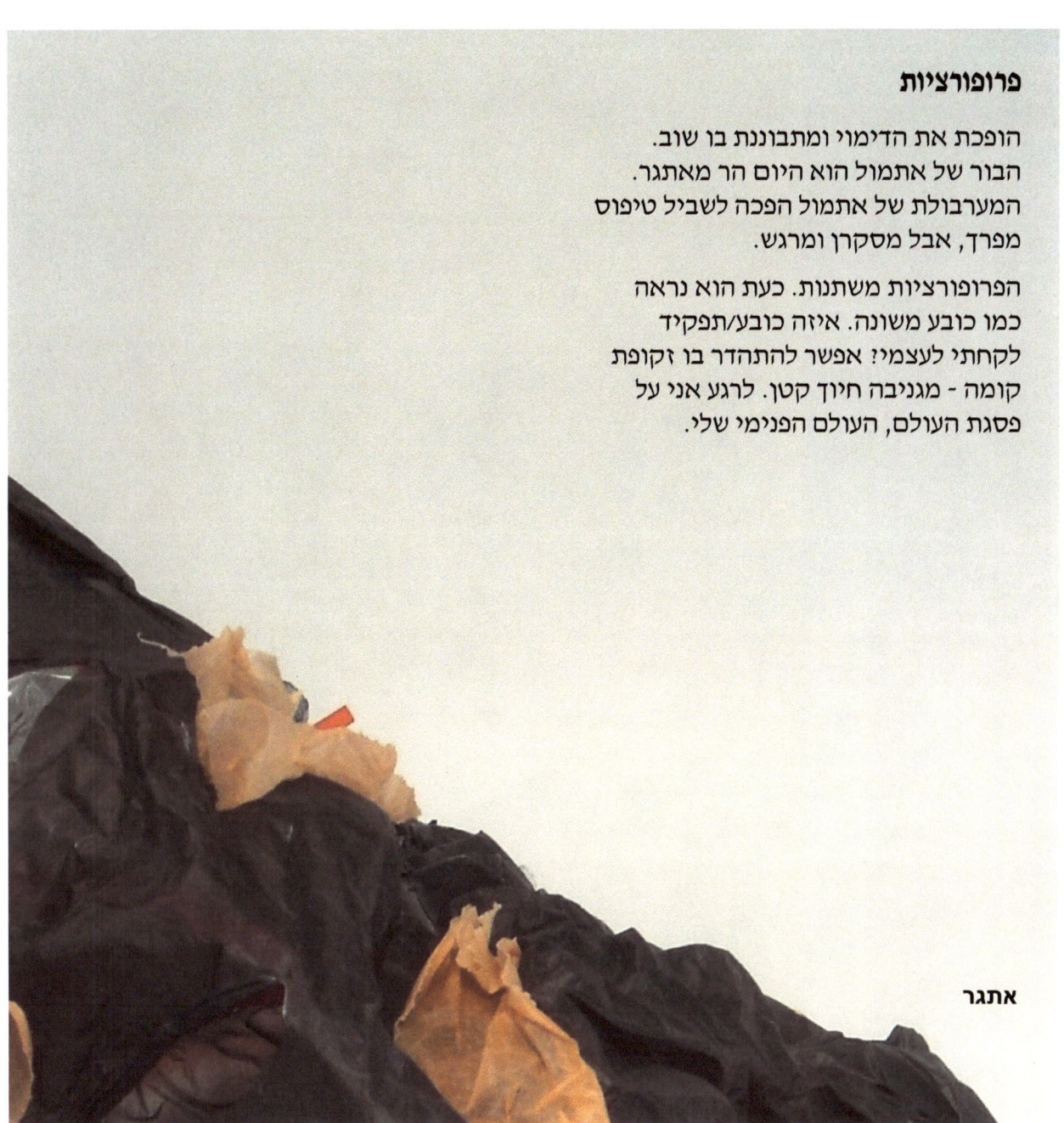

פרופורציות

הופכת את הדימוי ומתבוננת בו שוב. הבור של אתמול הוא היום הר מאתגר. המערבולת של אתמול הפכה לשביל טיפוס מפרך, אבל מסקרן ומרגש.

הפרופורציות משתנות. כעת הוא נראה כמו כובע משונה. איזה כובע/תפקיד לקחתי לעצמי? אפשר להתהדר בו זקופת קומה - מגניבה חיוך קטן. לרגע אני על פסגת העולם, העולם הפנימי שלי.

אתגר

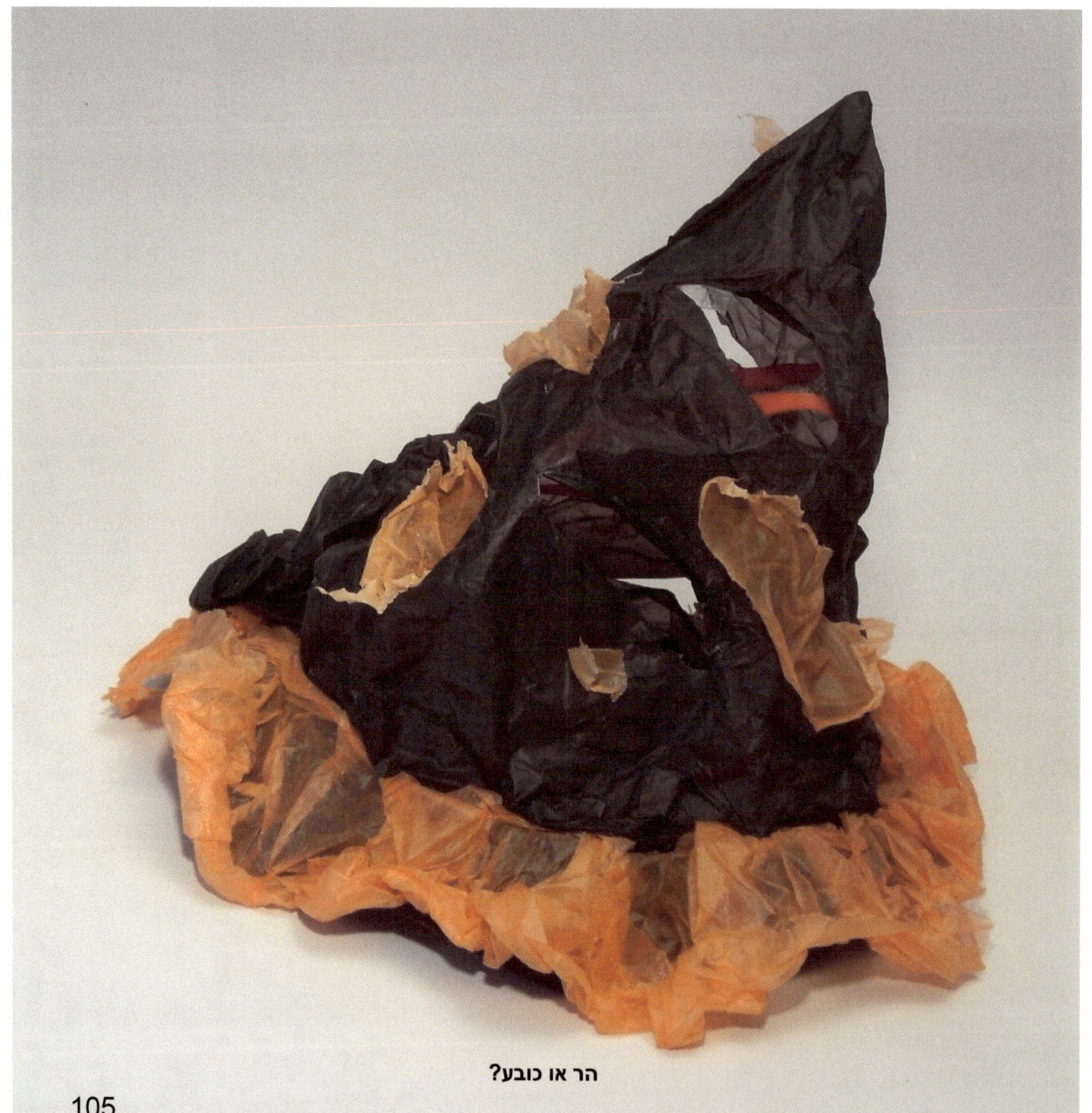

הר או כובע?

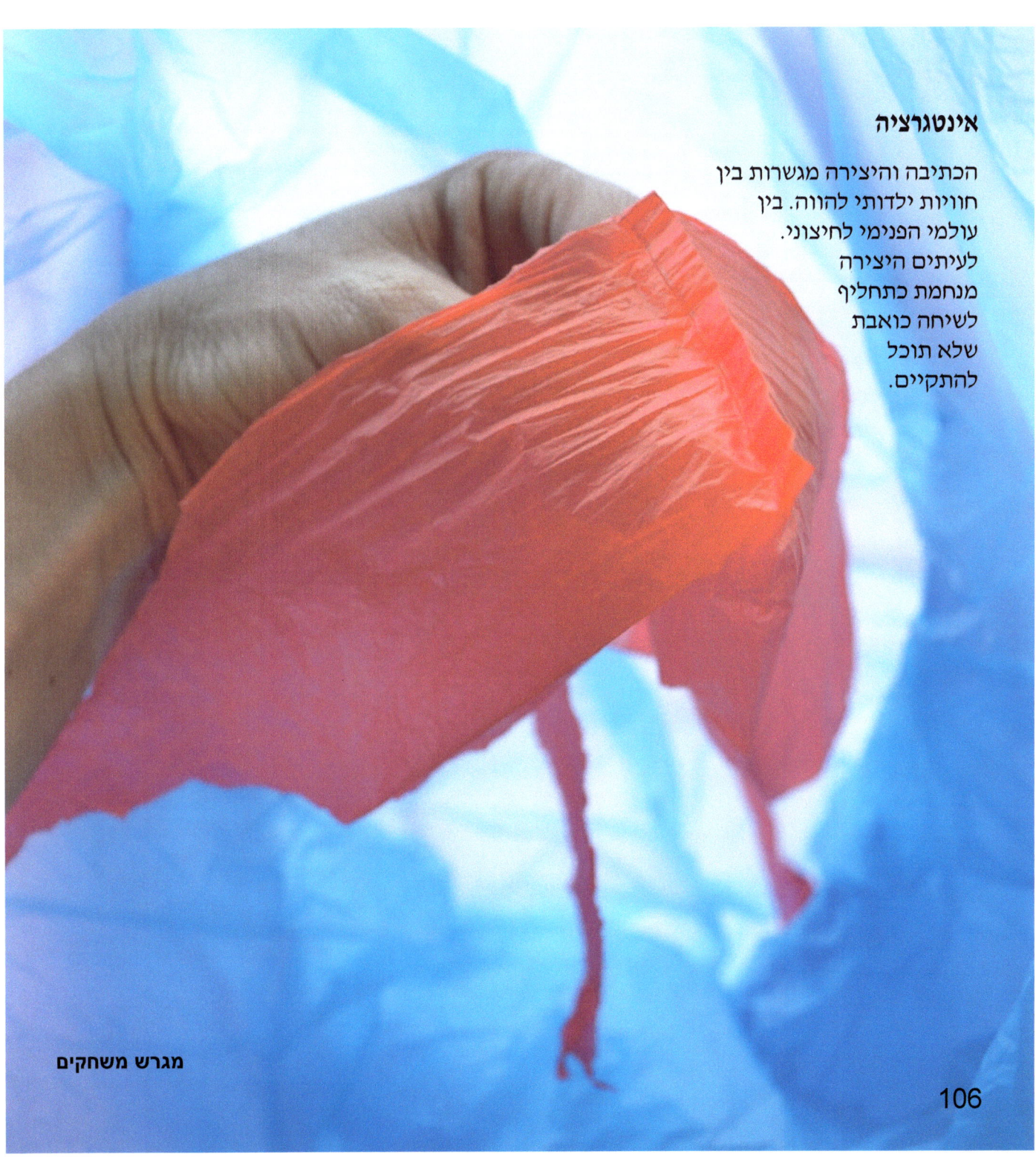

אינטגרציה

הכתיבה והיצירה מגשרות בין חוויות ילדותי להווה. בין עולמי הפנימי לחיצוני. לעיתים היצירה מנחמת כתחליף לשיחה כואבת שלא תוכל להתקיים.

מגרש משחקים

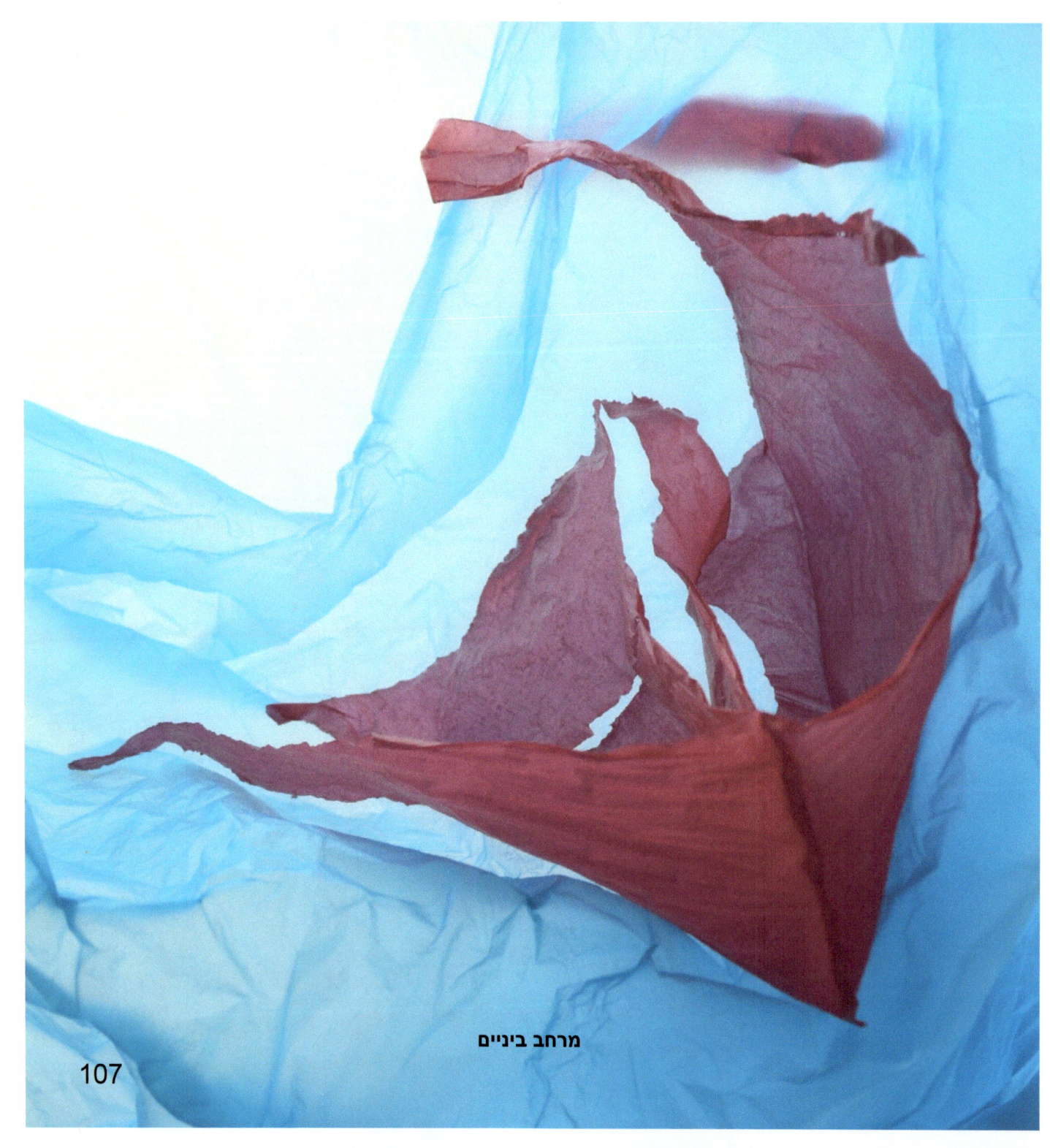

מרחב ביניים

שיחה אינסופית

תמיד כשאני באה לבקר, אמא שלה אומרת, שאבא שלה ישן.
יושבות על הספה שליד הקיר המשותף לחדר השינה ומשוחחות.
האם הוא ער ומקשיב מעבר לקיר?

לפנות ערב בסלון שכמעט ולא השתנה מאז.
בחוץ שוקעת השמש, אבל התאורה מעומעמת. השיחה קולחת.
בחוץ כבר חושך, אבל אינני מבקשת להדליק עוד אור.
היא בולעת כל מילה שלי. אל מי היא מדברת?
אל מי אני מדברת?

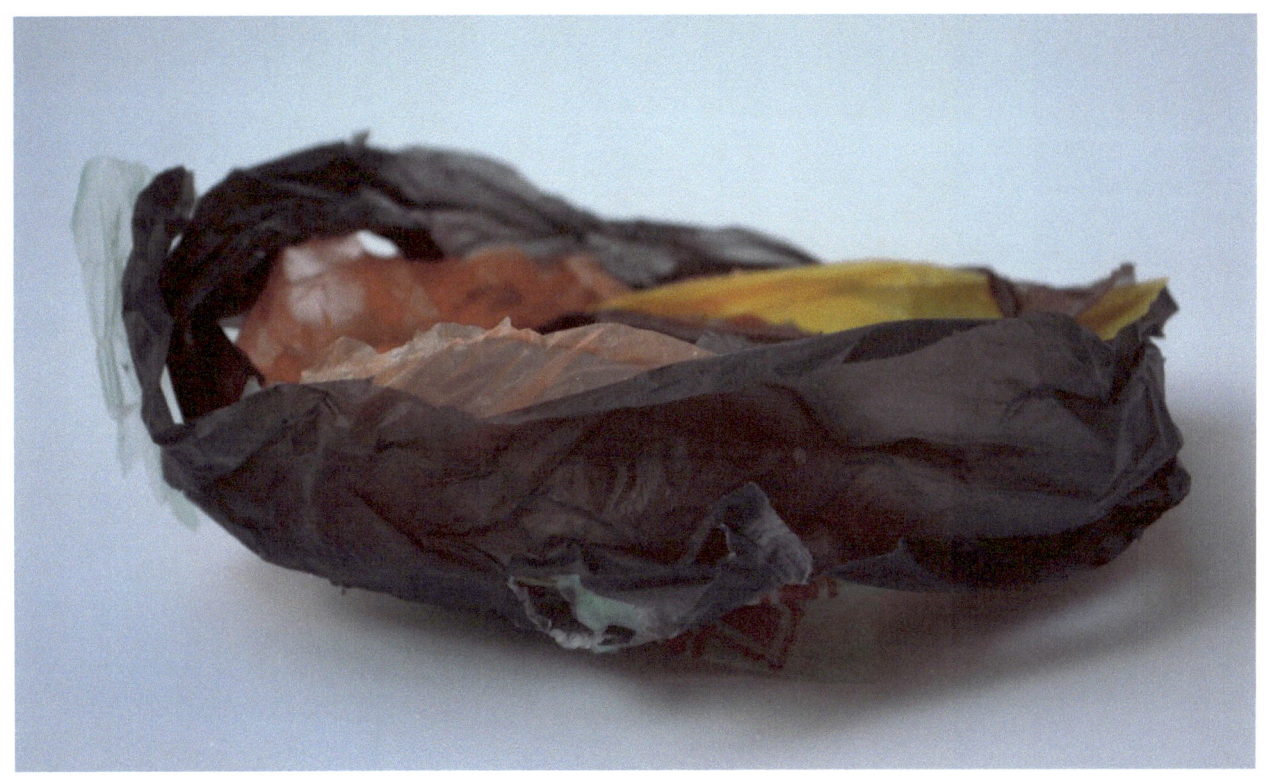

בין השמשות

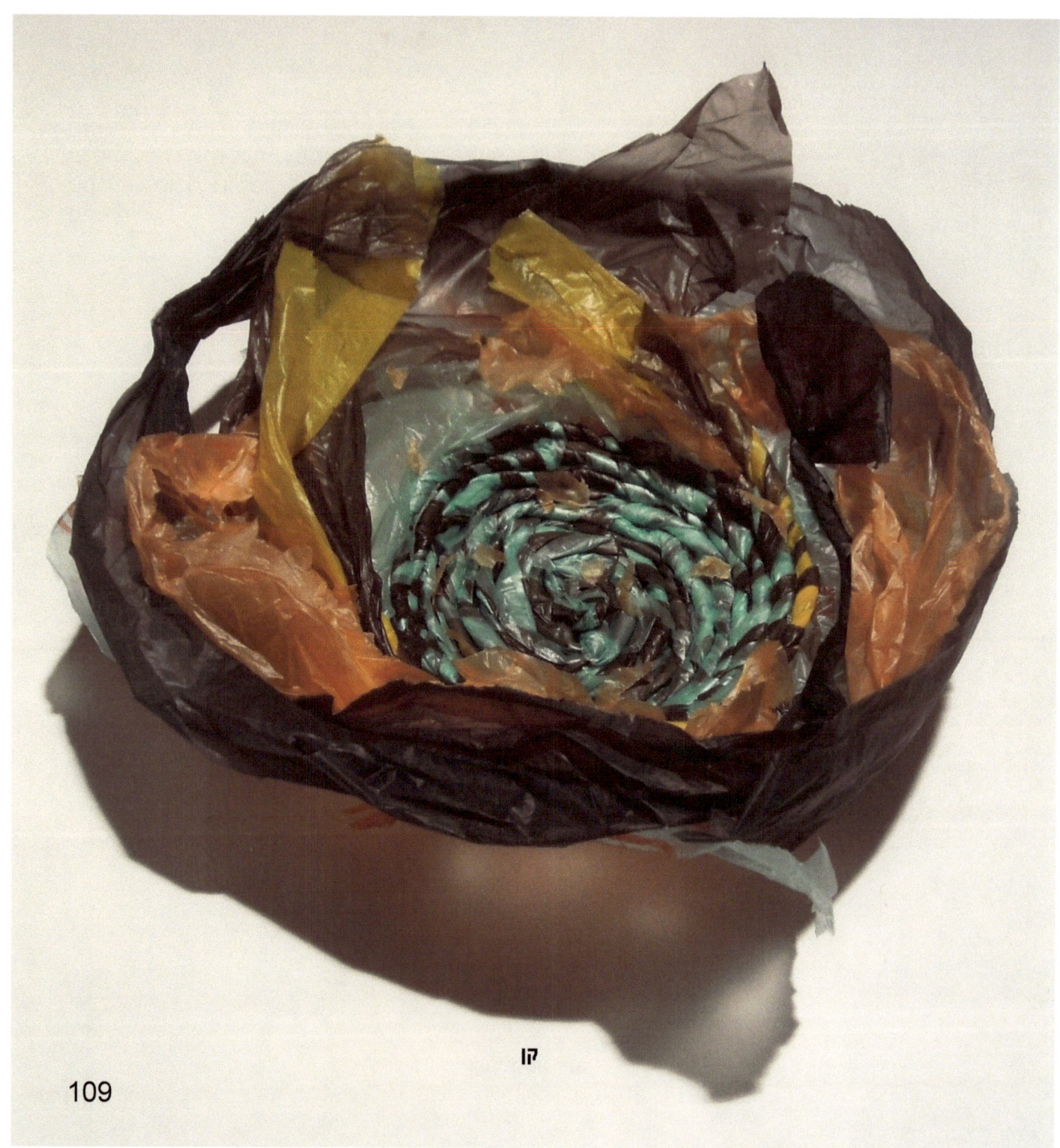

זה מזכיר לי...

נוגסת בעוד עוגיה ושותה מהתה המתוק.
נינוחה, אהובה, אוהבת.
מתגעגעות.

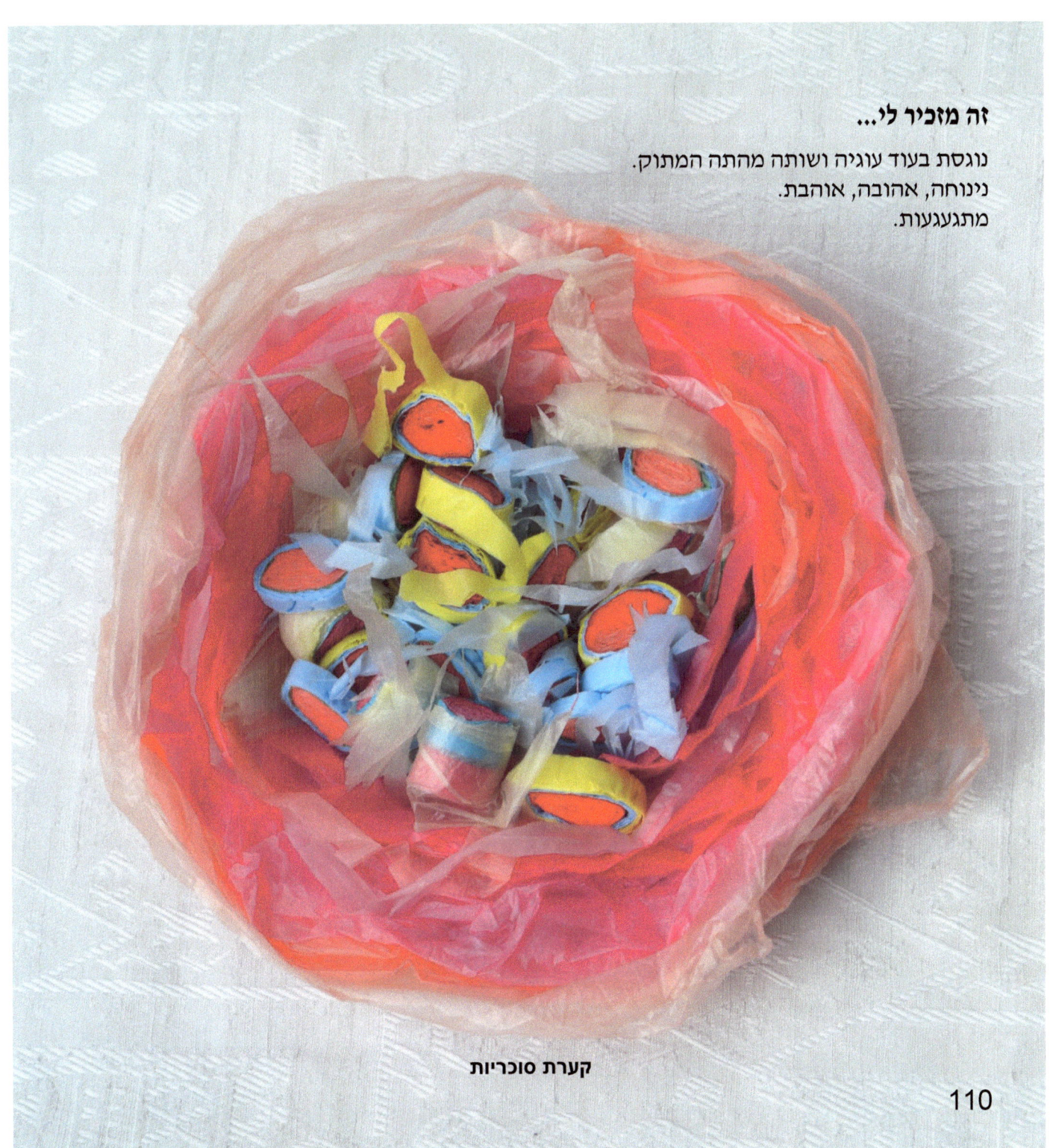

קערת סוכריות

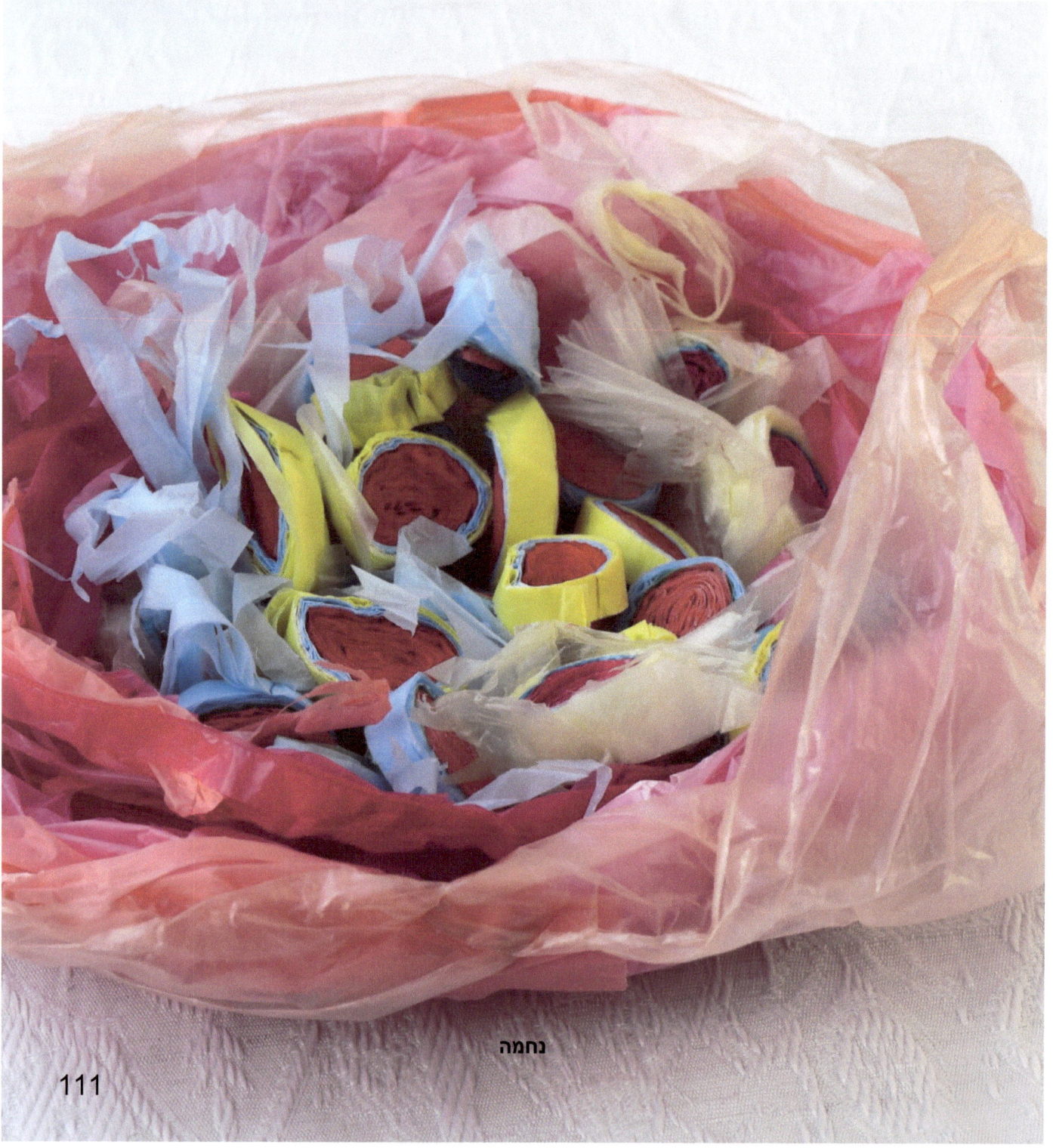

נחמה

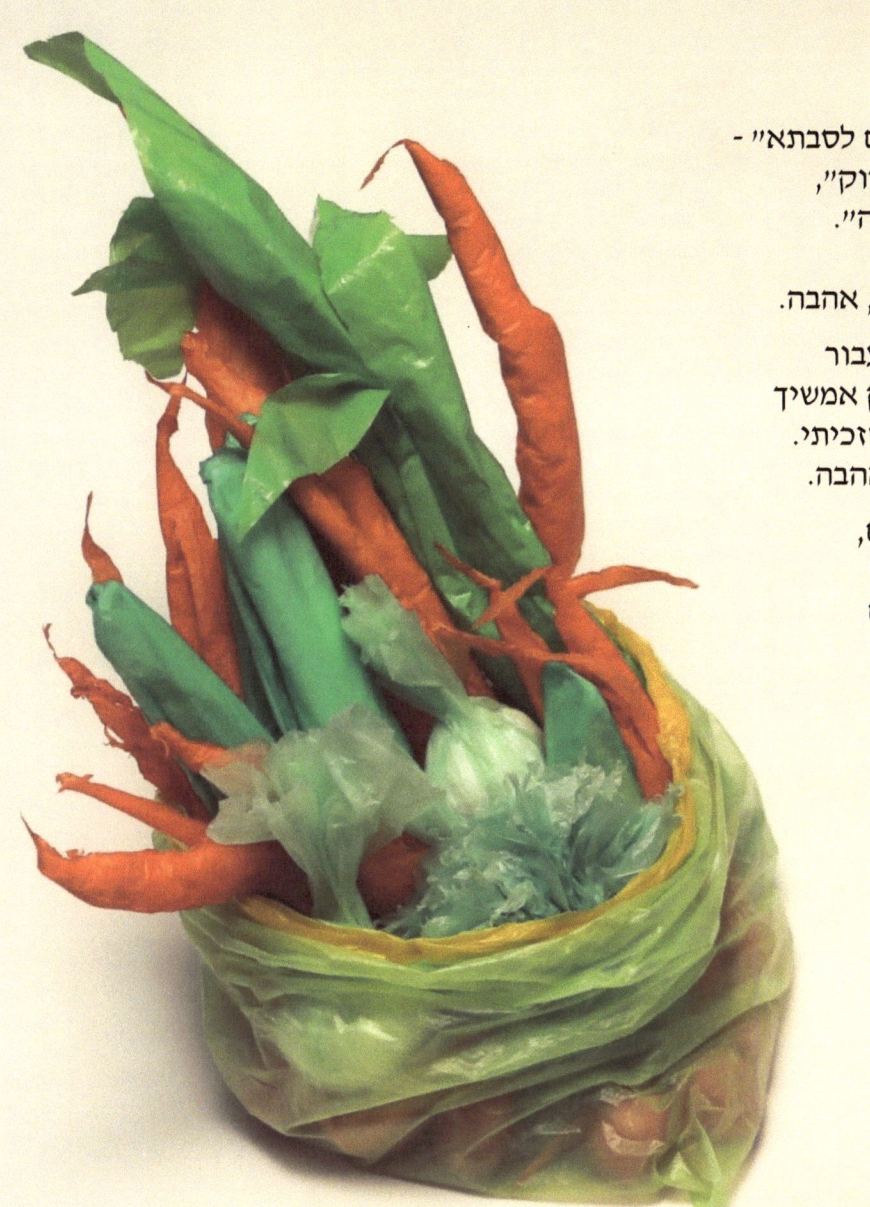

משפטים נכחדים

"הייתי אצל סבתא", "הולכים לסבתא" - משפטים נכחדים. "החדר הירוק", "הולכים לישון במיטה הגדולה". פה היא גרה, פה היא היתה. היתה נוכחת, התערבה, דאגה, אהבה.

למי עוד אפשר לספר? תיכף נעבור לסדר היום ואפסיק לספר. רק אמשיך ביני לביני להודות לאלוהים שזכיתי. ולאהוב את עצמי כפי שהיא אהבה.

שוקולד מריר, מרציפן, תותים, פיסטוקים - "קחי בשקית לילדים". איטריות אפויות עם גבינה - זוכרים? קניש בשר - מישהו רשם איך עושים? "קחי בייגלאך מהשולחן ותחזירי את הקופסה". לֶדֶר משוק לוינסקי, שרק סבתא קראה לו 'קמרדין'. זכרונות טעימים.

זכרונות מהשוק

112

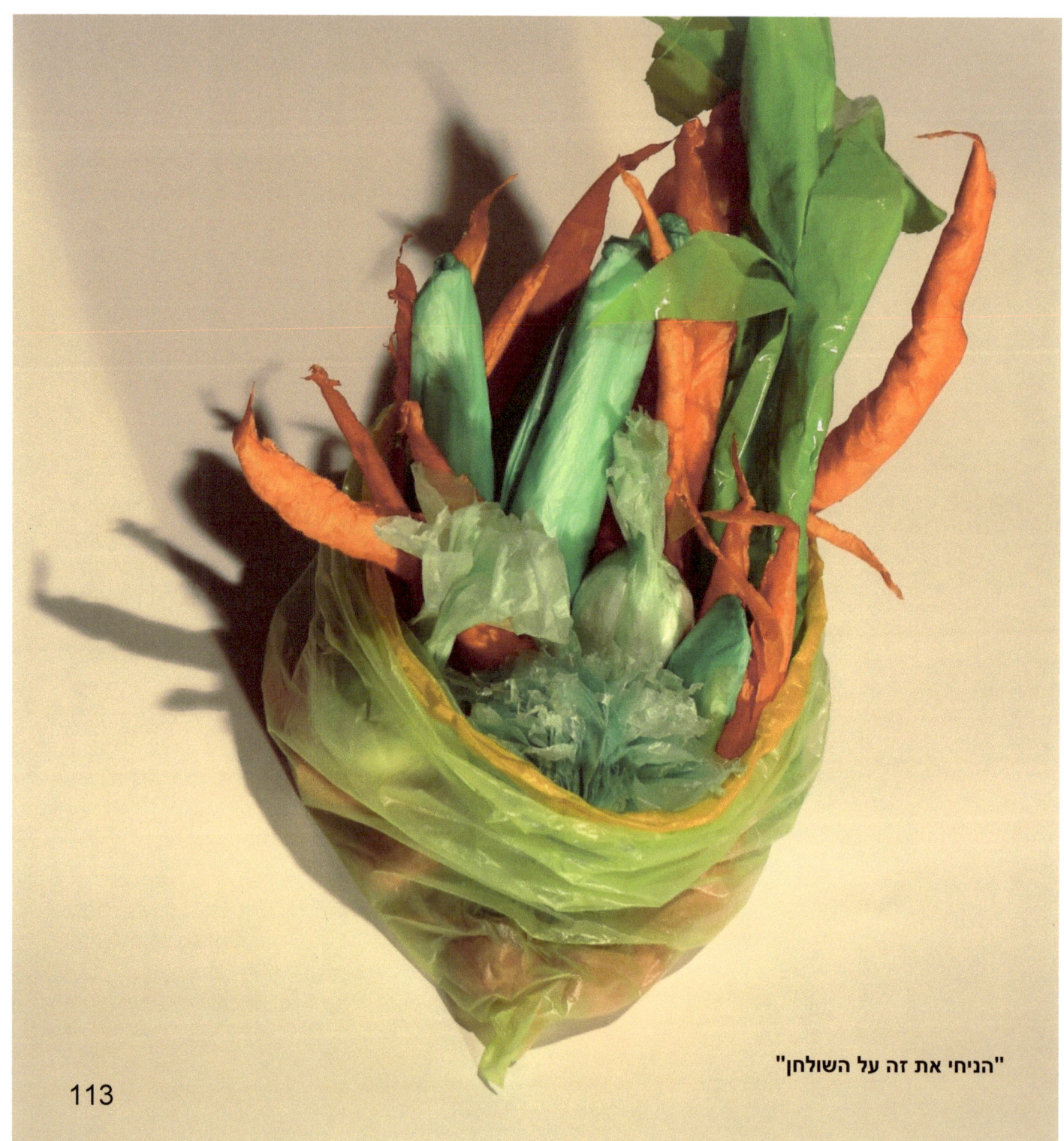

"הניחי את זה על השולחן"

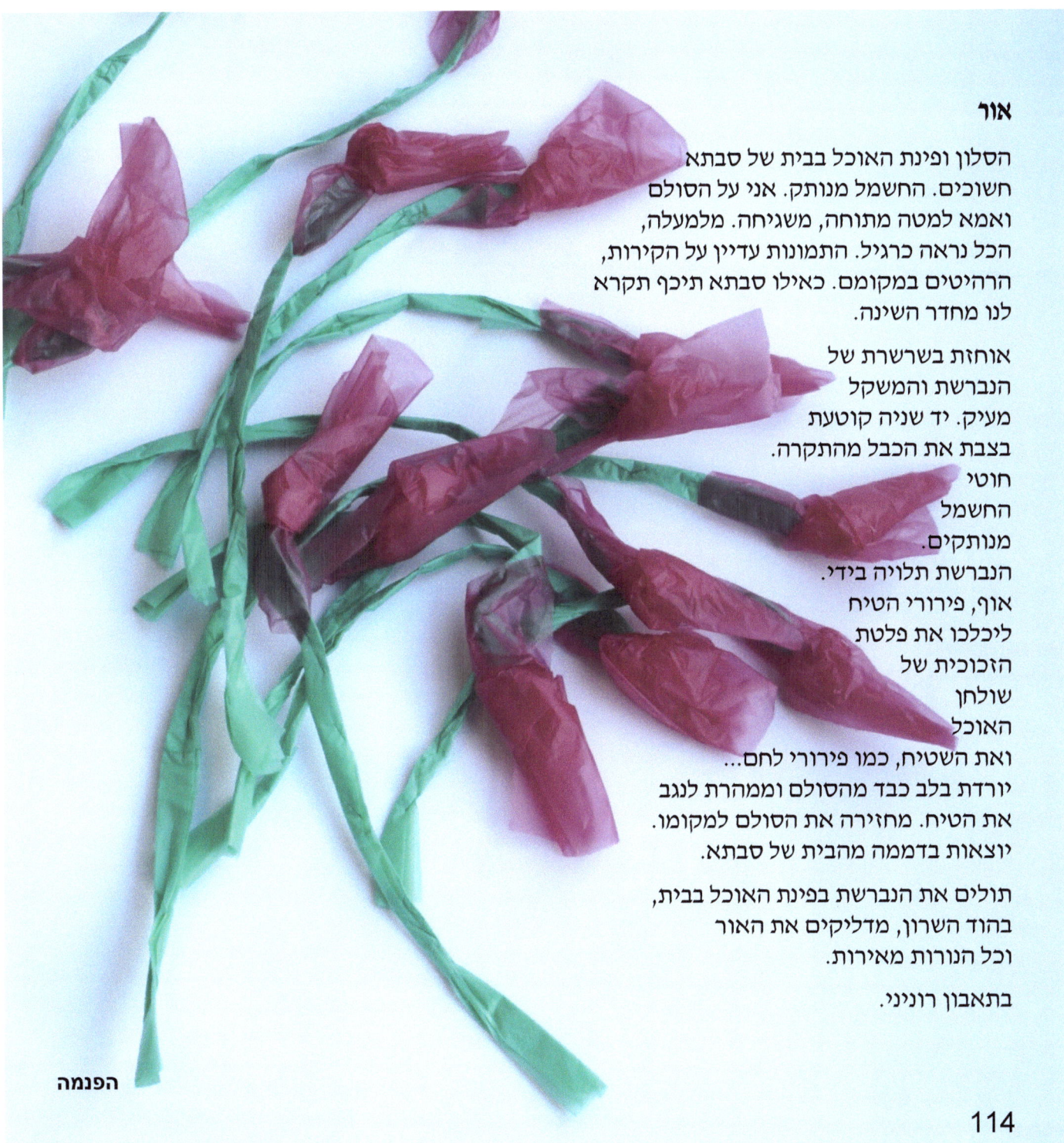

אור

הסלון ופינת האוכל בבית של סבתא חשוכים. החשמל מנותק. אני על הסולם ואמא למטה מתוחה, משגיחה. מלמעלה, הכל נראה כרגיל. התמונות עדיין על הקירות, הרהיטים במקומם. כאילו סבתא תיכף תקרא לנו מחדר השינה.

אוחזת בשרשרת של הנברשת והמשקל מעיק. יד שניה קוטעת בצבת את הכבל מהתקרה. חוטי החשמל מנותקים. הנברשת תלויה בידי. אוף, פירורי הטיח ליכלכו את פלטת הזכוכית של שולחן האוכל ואת השטיח, כמו פירורי לחם... יורדת בלב כבד מהסולם וממהרת לנגב את הטיח. מחזירה את הסולם למקומו. יוצאות בדממה מהבית של סבתא.

תולים את הנברשת בפינת האוכל בבית, בהוד השרון, מדליקים את האור וכל הנורות מאירות.

בתאבון רוניני.

הפנמה

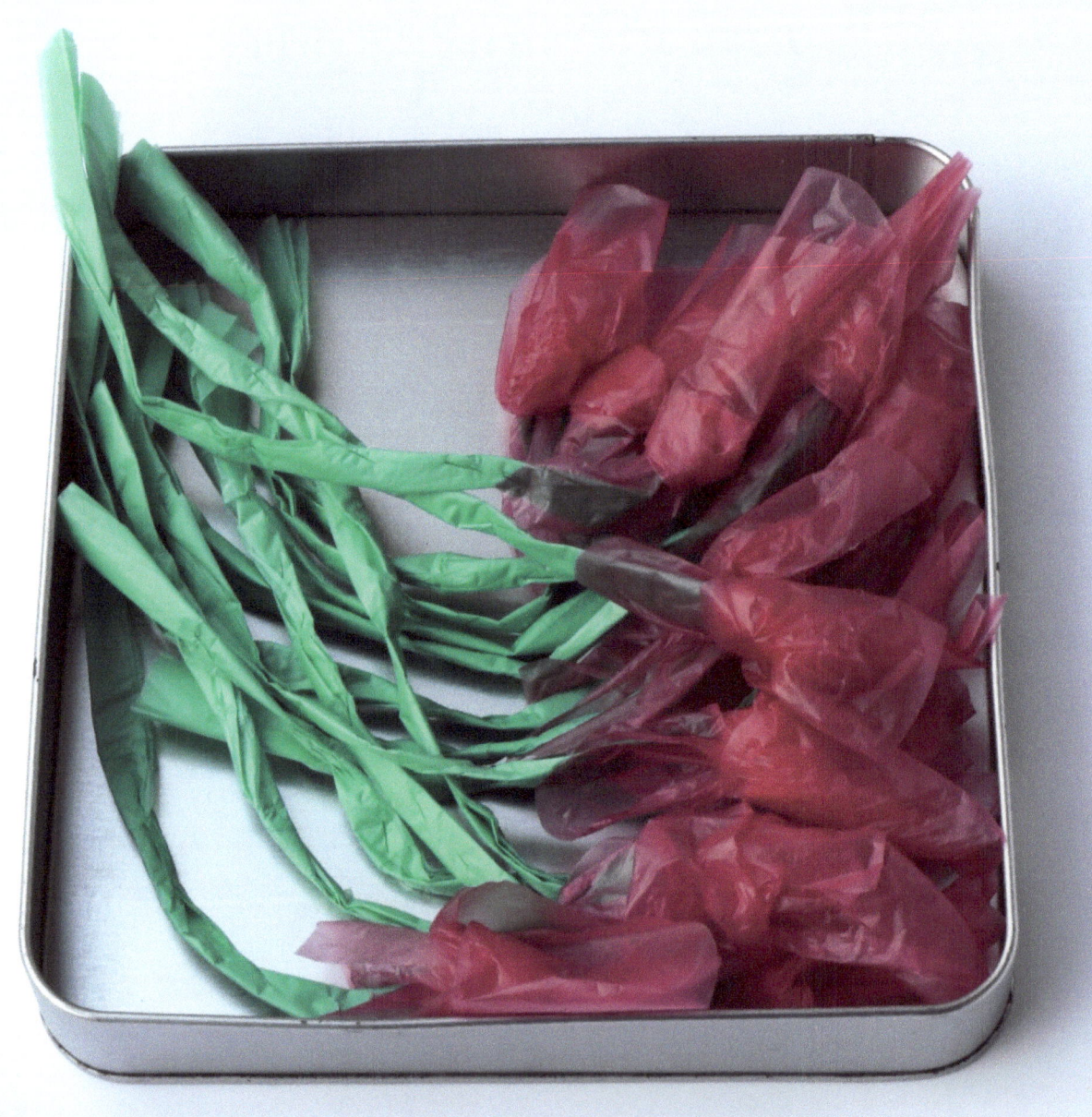

...והקופסה עדיין בשימוש

מקורות השראה - דיאלוג מקביל

הספר נכתב תחת רישומם של ספרים רבים. לצערי אוכל למנות רק את חלקם.

אור-בך, ישראל (1992). **עולמות נסתרים: התבוננות בתת-ההכרה.** תל-אביב: שוקן, תשנ״ג.

אנזייה, דידייה (1985). **ה-׳אני-עור׳**, מצרפתית אורית רוזן. תל-אביב: תולעת ספרים, 2004.

בולס, כריסטופר (1987). **צלו של האובייקט - פסיכואנליזה של הידוע שלא נחשב**, מאנגלית מרים קראוס. דביר, תש״ס 2000.

גארדנר, הוארד (1982, 1983). **מוח חשיבה ויצירתיות.** לקט פרקים מתוך שני ספרים - ספר ראשון: אמנות, חשיבה ומוח, גישה קוגניטיבית ליצירתיות; ספר שני: תבניות חשיבה, התיאוריה על האינטיליגנציות המרובות. מאנגלית יהודית כפרי. תל אביב: ספרית פועלים, 1995.

דאלי, טסה ועמיתים (1987). **תרפיה באמנות התפתחויות חדשות - תיאוריה ומעשה**, תרגום סמדר ברגמן. קרית ביאליק: אח, 1995.

דה בוטון, אלן (2000). **פילוסופיה - מדריך לאושר**, מאנגלית לי שיר. תל אביב: משכל הוצאה לאור מיסודן של ידיעות אחרונות וספרי חמד, 2004.

ויניקוט, דונלד ו׳ (1971). **משחק ומציאות**, מאנגלית יוסי מילוא. תל-אביב: עם עובד, תשנ״ו 1995.

ויניקוט, דונלד ו׳ (1935-1963). **עצמי אמיתי, עצמי כוזב**, מאנגלית אסנת אראל, נעמי בן-חיים, אורה זילברשטיין, מטי נוה, צפורה רמון. תל-אביב: עם עובד, תשס״ט 2009.

זק, דניאל, (2007). **פינת היצירה.** תל אביב: קרן הוצאה לאור, תשס״ז.

יאלום, ארווין ד׳ (2008). **להביט בשמש**, מאנגלית שרה ריפין. אור יהודה: כנרת, זמורה-ביתן, דביר, 2009.

יאלום, ארווין (2002). **מתנת התרפיה**, מאנגלית כרמית גיא. אור יהודה: כנרת 2010.

לנגנטל, נחום ואמון, ניסים (2005). **כשמשה פגש את בודהא - שיחות על יהדות ובודהיזם.** תל-אביב: משכל הוצאה לאור מיסודן של ידיעות אחרונות וספרי חמד.

מיטשל, סטיבן א׳ ובלאק, מרגרט ג׳ (1996). **פרויד ומעבר לו - תולדות החשיבה הפסיכואנליטית המודרנית**, מאנגלית עמית פכלר. תל-אביב: תולעת ספרים, 2006.

מיטשל, סטיוון א׳ (2003). **תקווה ופחד בפסיכואנליזה**, מאנגלית אורה זילברשטיין. תל-אביב: תולעת ספרים.

נוי, פנחס (1999). **הפסיכואנליזה של האמנות והיצירתיות.** תל אביב: מודן הוצאה לאור.

סוטו, ליאורה (2008). **לגעת בנפש, פסיכותרפיה באמצעות חומרים וצבעים.** חיפה: פרדס.

סטור, אנתוני (1972**). הדינמיקה של היצירה**, תרגום יהודית כפרי, שושנה שוורץ. תל-אביב: ספרית פועלים, 1983.

סטרייד, שריל (2013). **WILD מסע רגלי לגילוי עצמי**, מאנגלית קטיה בנוביץ׳. אור יהודה: כנרת, זמורה-ביתן, דביר - מוציאים לאור בע״מ.

פרנצי, שנדור (2003). **בלבול השפות בין המבוגרים לילד**, מגרמנית רחל בר-חיים. תל-אביב: עם עובד, 2009.

פרופ׳ רוזנהיים, אליהו (1990**). אדם נפגש עם עצמו - פסיכותירפיה: החוויה ותהליכיה.** ירושלים: שוקן.

שוקי, אלי (2006). **סרטן – לא בסרט שלי.** הוצאת מחברות שירה.

Rubin, Judith Aron (1987**). Approaches to Art Therapy - Theory & Technique.** New York: Taylor & Francis, 2001

רשימת דימויים, חומרים ומידות

אדוות מים. ניילון. קוטר 32 ס״מ, גובה 11 ס״מ 38
אובניים. ניילון. קוטר 32 ס״מ, גובה 2 ס״מ 6,7
אוקמי – קבלת הנפילה. ניילון. 24 X 13 X 5 ס״מ 33
איוורור. ניילון. קוטר 22 ס״מ, גובה 5.5 ס״מ 99
אל תסתכלי למטה! ניילון וסלוטייפ.
14 X 7 ס״מ, גובה 8.5 ס״מ 80
אסוציאציה. ניילון. קוטר 7 ס״מ, גובה 16 ס״מ 23
אש. ניילון. 46 X 23.5 X 1.5 ס״מ 57
אשליה. ניילון. 30 X 20 X 7 ס״מ 14
אשן על זה. ניילון. קוטר 28 ס״מ, גובה 21 ס״מ 103
אתגר. ניילון. קוטר 28 ס״מ, גובה 21 ס״מ 104
בדיקה מקרוב. ניילון. 22 X 14 X 16 ס״מ 16
בובה עם כנפיים. מלאך?
ניילון. 35 X 18 X 10 ס״מ 79
בור לבה. ניילון. קוטר 28 ס״מ, גובה 21 ס״מ 102
בין השורות.
ניילון, נייר משי וצלופן. 56 X 47 X 4 ס״מ 43
בין השמשות. ניילון. קוטר 23 ס״מ, גובה 10 ס״מ 108
ביקורת עצמית. ניילון. 66 X 62 X 5 ס״מ 68
גזע עץ. ניילון. 50 X 22 X 6 ס״מ 8
געגוע. ניילון. 25 X 25 ס״מ, גובה 38 ס״מ 101
דיאלוג פנימי. ניילון. 39 X 32 X 14 ס״מ 21
האם יש מטמורפוזה? ניילון. 22 X 14 X 16 ס״מ 17
הדדיות. ניילון. 28 X 21 X 5 ס״מ 32
הכלה. ניילון. 32 X 25 X 9 ס״מ 86
המקום שלי. ניילון. קוטר 20 ס״מ, גובה 25 ס״מ 51
״הניחי את זה על השולחן״
ניילון. 40 X 30 X 27 ס״מ 113
הר או כובע? ניילון. קוטר 28 ס״מ, גובה 21 ס״מ 105

הפנמה. ניילון. 38 X 28 X 4.5 ס״מ 114
התבוננות. ניילון. 43 X 34 X 10 ס״מ 11
התבוננות פנימית.
ניילון. 12 X 11 ס״מ, גובה 24 ס״מ 30
התמהמהות. ניילון. 17 X 10 ס״מ, גובה 14 ס״מ 64
התפרקות. ניילון. קוטר 13 ס״מ, גובה 26 ס״מ 96
התקהלות. ניילון. 44 X 40 X 10 ס״מ 88
התקשרות. ניילון. קוטר 20 ס״מ, גובה 25 ס״מ 52
ואקום. ניילון. 30 X 23 X 9 ס״מ 70
...והקופסא עדיין בשימוש.
ניילון. 31 X 23 X 4.5 ס״מ 115
זכרון עמום. ניילון. קוטר 7 ס״מ, גובה 16 ס״מ 22
זכרונות מהשוק. ניילון. 40 X 30 X 27 ס״מ 112
זמניות. ניילון. קוטר 35 ס״מ , גובה 4 ס״מ 77
זקופה. מריונטה? השגחה עליונה?
ניילון. 10 X 10 ס״מ, גובה 30 ס״מ 46
זר. ניילון, ניילון בועות. 31 X 38 X 23.5 ס״מ 93
זרימה. ניילון. קוטר 32 ס״מ, גובה 9 ס״מ 9
זרע. ניילון. קוטר 13 ס״מ, גובה 26 ס״מ 96
חוט מחשבה. ניילון. 40 X 30 X 15 ס״מ 61
חי, צומח ודומם. ניילון. 30 X 20 X 7 ס״מ 15
חיבוק. ניילון. 32 X 25 X 9 ס״מ 84
חיות. ניילון. 32 X 29 X 4 ס״מ 94
חלום. ניילון. 43 X 34 X 10 ס״מ 13
חלל. ניילון. 32 X 25 X 9 ס״מ 85
חשבון נפש. ניילון. 17 X 10 ס״מ, גובה 14 ס״מ 67
יחד. ניילון. 72 X 50 X 10 ס״מ 54
להקת דגים.
ניילון, נייר משי וצלופן. 56 X 47 X 4 ס״מ 42

"עוף מכאן!" ניילון. 15 x 14 x 9 ס"מ	59	מבט ממעוף הציפור. ניילון. 31 x 23 x 4.5 ס"מ	49
על הנדנדה. ניילון. 72 x 50 x 10 ס"מ	55	מבט מקרוב.	
"עמדי רגע!" ניילון. 66 x 62 x 5 ס"מ	4,5	ניילון ואריזת מגירה. 39 x 18 x 9 ס"מ	91
עמידת מוצא. ניילון. קוטר 3.5 ס"מ, גובה 32	25	מגרש משחקים. ניילון. 49 x 21 x 6 ס"מ	106
עניין לא סגור. ניילון. 30 x 25 x 3 ס"מ	82	מדיטציה בתנועה.	
פיסת חלום. ניילון. 43 x 34 x 10 ס"מ	12	ניילון. 19 x 6 ס"מ, גובה 24 ס"מ	47
פלא. ניילון, ניילון בועות. 38 x 31 x 23.5 ס"מ	92	מועקה. ניילון. קוטר כ-35 ס"מ , גובה 4 ס"מ	76
פרידות. ניילון. 38 x 28 x 4.5 ס"מ	75	מורה - מרות. ניילון. 29 x 10 ס"מ, גובה 76 ס"מ	37
פרפרים. ניילון. 44 x 40 x 10 ס"מ	89	מחילה. ניילון. 25 x 25 ס"מ, גובה 38 ס"מ	100
ציפייה. ניילון. 17 x 10 ס"מ, גובה 14 ס"מ	66	מיכל. ניילון. 19 x 35 x 11 ס"מ	29
צעד לא יציב. ניילון. קוטר 3.5 ס"מ, גובה 32 ס"מ	24	מעגל קסמים. ניילון. 20 x 18 x 7 ס"מ	73
קן. ניילון. קוטר 23 ס"מ, גובה 10 ס"מ	109	מערבולת. ניילון ונייר מצופה שעווה.	
קערת סוכריות.		קוטר 22 ס"מ, גובה 5 ס"מ	41
ניילון. קוטר 22 ס"מ, גובה 5 ס"מ	110	מקהלה וואקלית. ניילון. 13 x 12 x 1 ס"מ	44
רגשות מעורבים. ניילון. 28 x 25 x 7 ס"מ	19	מרחב ביניים. ניילון. 49 x 21 x 6 ס"מ	107
רוח. ניילון. 34 x 30 x 18 ס"מ	62	משא. ניילון. 35 x 19 x 11 ס"מ	28
רוח משובה. ניילון. 34 x 30 x 18 ס"מ	63	משחק. ניילון. 34 x 12.5 x 1 ס"מ	45
רחם. ניילון. 32 x 29 x 4 ס"מ	95	נבט. ניילון. קוטר 13 ס"מ, גובה 26 ס"מ	97
ריקוד. ניילון. קוטר 20 ס"מ, גובה 25 ס"מ	53	נוכחת. ניילון. 12 x 11 ס"מ, גובה 24 ס"מ	31
ריקוד אין סופי. ניילון וסלוטייפ.		נופלת. ניילון, נייר מצופה שעווה.	
14 x 7 ס"מ, גובה 8.5 ס"מ	81	18 x 22 x 5 ס"מ	40
רשת היא אוסף של חורים.		נוצות מרוטות. ניילון. 30 x 25 x 3 ס"מ	83
ניילון ואריזת מגירה. 39 x 18 x 9 ס"מ	90	נחמה. ניילון. קוטר 22 ס"מ, גובה 5 ס"מ	111
שוטי ספינתי. ניילון. 31 x 23 x 4.5 ס"מ	48	ניס לא נים. ניילון. 35 x 18 x 10 ס"מ	78
שחרור. ניילון. 35 x 19 x 11 ס"מ	27	סבלנות. ניילון. 30 x 23 x 9 ס"מ	71
שיחת נפש. ניילון. 39 x 32 x 14 ס"מ	20	סגירת מעגל. ניילון. 20 x 18 x 7 ס"מ	72
שיקוף. ניילון. קוטר 32 ס"מ, גובה 11 ס"מ	39	סימטריה. ניילון. 50.5 x 16 x 16 ס"מ	35
שרידי זיכרון. ניילון. 32 x 25 x 9 ס"מ	87	סיעור מוחות. ניילון. 28 x 25 x 7 ס"מ	18
תובנה. ניילון. 40 x 30 x 15 ס"מ	60	סערת רגשות. ניילון. קוטר 22 ס"מ, גובה 5.5 ס"מ	98
תוהו ובוהו. ניילון. 46 x 23.5 x 1.5 ס"מ	56	עבודת צוות. ניילון. 50.5 x 16 x 16 ס"מ	34
תסכול. ניילון. 29 x 10 ס"מ, גובה 76 ס"מ	36	עדיין ממתינה. ניילון. 17 x 10 ס"מ, גובה 14 ס"מ	65
"תראו, פרפר!" ניילון. 15 x 14 x 9 ס"מ	58	עוף מוזר. ניילון. 66 x 62 x 5 ס"מ	69

I0511488

www.ingramcontent.com/pod-product-compliance
Lightning Source LLC
Chambersburg PA
CBHW051912210526
45473CB00006B/1986
* 9 7 8 9 6 5 9 2 2 5 8 0 4 *